# 女性県議
# さわやか奮戦記

## 脱ダム・教育・くらし優先を掲げて

石坂千穂
ISHIZAKA CHIHO

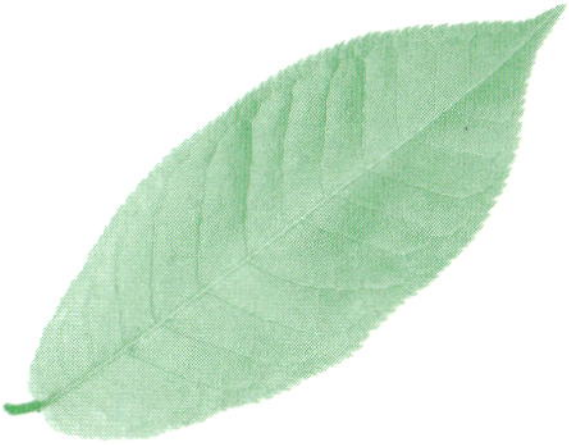

高文研

◆──もくじ

## 第Ⅱ部　知事不信任から失職・暑い熱い選挙戦……………105

装丁＝商業デザインセンター・松田礼一

日本海
新潟県
野沢湯泉村
木島平村
飯山
湯田中湯泉
山ノ内町
中野
豊野町
志賀高原
鬼無里村
小布施町
白馬村
小川村
長野
須坂
群馬県
富山県
更埴
大町
上田
小諸
軽井沢町
豊科町
浅科村
佐久
松本
長野県
下諏訪町
塩尻
南牧村
諏訪湖
岡谷
川上村
諏訪
茅野
埼玉県
岐阜県
南箕輪村
木曽福島町
伊那
山梨県
駒ヶ根
馬籠
飯田
喬木村
泰阜村
愛知県
静岡県

# 「脱ダム宣言」までの長い道のり

## ※私が県会議員になるまで

幼い頃から読書が好きで、小学生の頃から詩や童話などを書き、「夢見る少女」だった私が、社会への目を大きく開かされたのは、中学生のときに読んだ島崎藤村の「破戒」だった。高校時代には、社研クラブを作って、「人間裁判」と言われた「朝日訴訟」に取り組み、自主的な生徒会活動の前進を願って、「壁を破ろう！」のスローガンをかかげて生徒会長選挙に立候補し、一〇〇〇票対一〇〇票で初当選（!?）した。

ベトナム戦争に衝撃を受け、平和への思いがつのる中で、ジャーナリストを志して進学した長野県短期大学で、学生自治会副委員長や学生寮の寮長をつとめた私は、当時の東大闘争に象徴される学園民主化闘争、学生の生活や権利を守る運動のなかで長野県学生寮連合結成の運動に参加し、初代副委員長になった。

高校、短大を通じてアルバイトと奨学金のお世話になった私は、たくさんのアルバイト先で、まじめで心温かい人たちが貧困や差別に苦しんでいる姿に出会い、社会の矛盾に直面した。そんな時、戦前の暗黒時代から、命がけで侵略戦争に反対し、平和で差別のない社会を作ろうとがんばってきた人たち、日本共産党があったことに感動し、誰もが人間らしく幸せになれる社会にしたいと願って、私もその一員となった。

卒業して中学校の英語と音楽の教師、企業内生協の職員を経験し、結婚して母となった私は、自校給食を求める運動や保育料値下げ運動、当時住んでいた県営住宅柳町団地で働くお母さんたちの願いである学童保育所作りの運動に取り組み、私たちの学童保育所「クワガタクラブ」には長野県で初めての補助金がついた。

これらの運動が私が政治の道を歩み始めるきっかけとなり、私は多くの皆さんからのおすすめで、三三歳で市議補選に立候補。残念ながら落選。県議選で共倒れ、二度の総選挙への挑戦を経て、初出馬から一〇年後の一九九一年四月、「弱い立場の人たちに暖かい県政の光を」をスローガンに、私は長野県政史上三六年ぶりの女性議員となった。

## ※危険な浅川ダム

長野市北部を流れる浅川は、飯綱山《いいづな》に源を発し、いくつかの支流と合流しながら、豊野町《とよの》を流れ、小布施町《おぶせ》地先で千曲川《ちくま》と合流する流路延長約一七キロメートル、流域面積六八平方キロメー

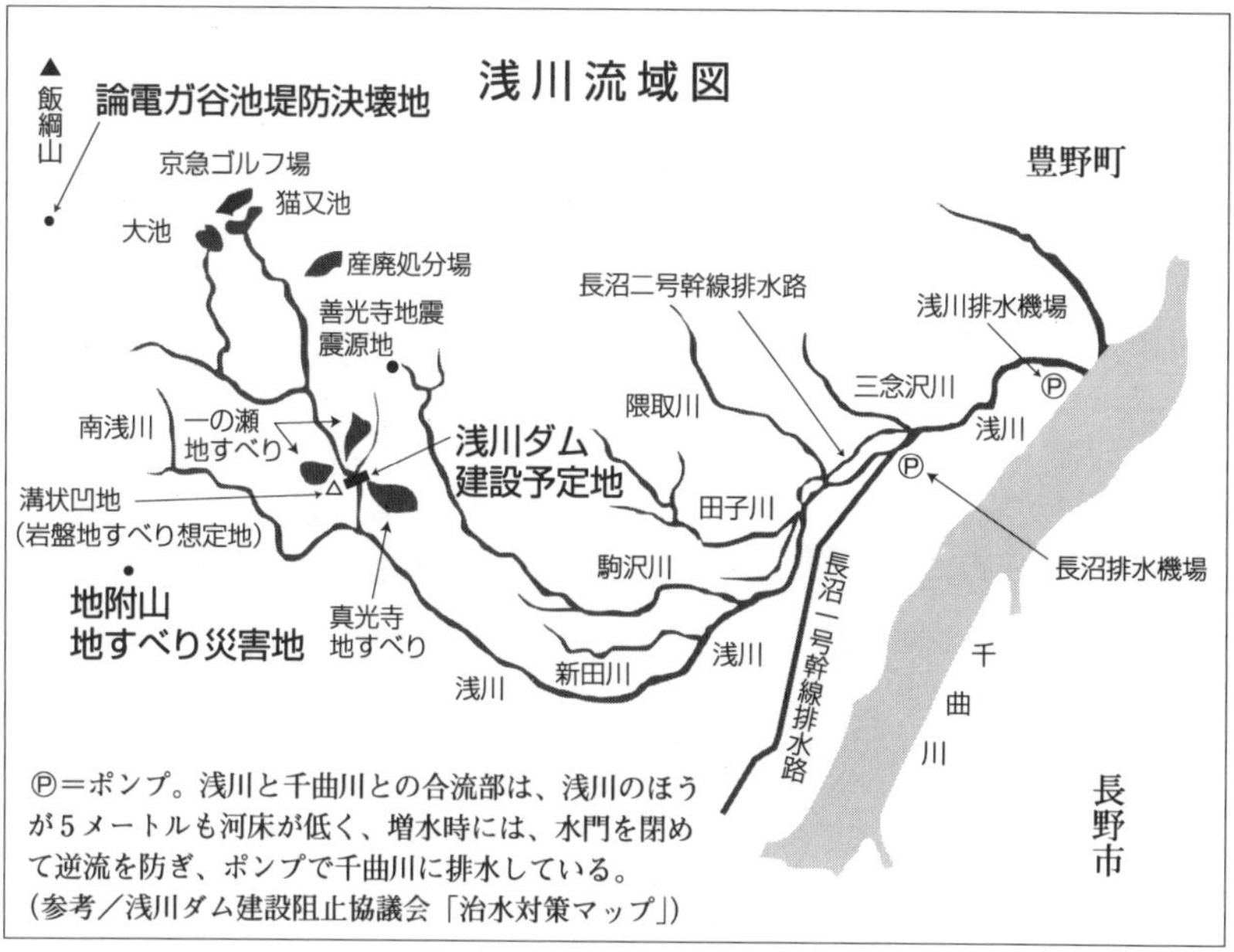

Ⓟ＝ポンプ。浅川と千曲川との合流部は、浅川のほうが5メートルも河床が低く、増水時には、水門を閉めて逆流を防ぎ、ポンプで千曲川に排水している。
（参考／浅川ダム建設阻止協議会「治水対策マップ」）

トルの中小河川である。

浅川の上流域は、飯綱山に連なる山地地形をなし、この中には一九八五年に死者二六名を出した地すべり災害を発生させた地附山《ちづきやま》（注1）をはじめ、多数の地すべり地が存在している。また、長野市北部から豊野町にかけては、A級の活断層とされる長野盆地西縁断層の存在が指摘され、一八四七年の善光寺地震の震源も、ダム建設予定地から約一キロメートルの地とされている。一九三九年には、浅川上流域で、農業用溜《ため》池である論電ガ谷池《ろんでんがやいけ》の堤防が決壊し、死者一九名を出している（注2）。

「暴れ天井《てんじょう》川」の異名を持つ浅川は、古くから洪水被害を繰り返し、上流部に地質的に脆弱《ぜいじゃく》な多数の崩壊地形を抱えていることもあり、洪水のたびに流出氾濫する土砂によって、

浅川ダム建設予定地から長野市街を望む。写真中央の道路はループ橋。

典型的な扇状地と天井川を形作ってきた。つい最近までは、河川改修の遅れから、中流部の富竹《とみたけ》地区などで、両岸の住宅の二階付近に河床《かわどこ》が位置する、あるいは場所によっては住宅の屋根より上に河床があるという著しい天井川であった。さらに、JR信越《しんえつ》線との交差部においては、浅川がJRの線路の上を水路橋で流れるという全国でもまれな形態となっており、洪水のたびに流域住民を破堤、氾濫の不安にさらしてきた。

何とか、水害の心配のない浅川の治水対策を実現してほしい、と願った住民に対して、長野県が提案したのは、「河川改修で対応する場合は河川拡幅幅八〇メートルが必要である」ということだった。現在に比べれば、農業の占める位置が、まだまだ重要だった当時、優良農地の大規模買収と家屋移転をともなうこの提案は地元住民の合意を得られなかった。代わりに長野県から提案されたのは、「ダムと河川改修」の計画であり、一九七六（昭和五一）年にこの計画が合意され、八五年、建設採択となっている。

しかし、実際にこの事業を進めようとした長野県当局は、ダム予定地の地盤・地質が、あまりにも脆《もろ》い地すべり地帯であり、ダムサイトの決定に適当な場所がなかなか見つからず、ダム予定地を二転三転せざるを得なかった。そして、結局、地質・地盤に問題があるとして当初見送られた位置にダムサイトが決定した。ダムが完成すれば水没してしまう道路の代わりに建設する付け替え道路が、招致の決まった長野オリンピックのボブスレー・リュージュ会場へのオリンピック道路としても利用できることから、付け替え道路を九工区に分けていっせいに分離発注し、完成したのが一九九六（平成八）年のことだった。この付け替え道路は、脆い地盤にできるだけ負担をかけないようにループ橋形式で建設され、そのことが主要な理由となって、事業採択時には一二六億円で出発した浅川ダムの事業費は、なんとこの時点で三三〇億円に跳ね上がった。

古くは論電《ろんでん》ガ《が》谷池《やいけ》の決壊、最近では地附山《ちづきやま》地すべり災害を経験している流域住民の中には、早くから、「あんな地すべり地帯にダムを造っても大丈夫なのか」という素朴な疑問と不安が消えることはなかった。納得できないダム建設を考えるために、専門家を招いての学習会や現地調査を行ううちに、こんな危険なダムはやはり賛成できないという思いの住民たちが、二〇〇〇年六月、

「浅川ダム建設阻止協議会」を作って、浅川ダム建設反対の住民運動が始まった。

## ※ダム反対で二人から五人の県議団に

私は、この「浅川ダム建設阻止協議会」ができる以前から、自分自身が地附山地すべり災害で自宅を失った被災者でもある野々村博美・長野市議などから、浅川ダム建設の危険性についての疑問を聞き、私自身の納得できない思いも込めて議会での質問でも取り上げてきた。私たちは、「建設阻止協議会」や地域住民の皆さんとともに、専門家集団の国土問題研究会（以下、国土研という）にも調査を依頼し、専門家の調査結果にも助けられながら、国、県、長野市へ、幾度となく申し入れを行った。

調査結果の学習や、実際の洪水被害の実態から、浅川の水害の主要な原因は、浅川の流下能力が低い（川が小さくて水量を流しきれずに溢れてしまう）からではなく、最下流で合流する千曲川との関係から来る内水災害《ないすいさいがい》（注3）であることが明らかになった。千曲川の河床が年々上昇しており、洪水時に千曲川が増水すると浅川に逆流してしまうため、合流点に設置された水門を閉めて逆流を防ぎ、浅川の水はポンプで千曲川に戻す仕組みになっている。しかし、増水が続けば、サイフォン方式のポンプは用を成さなくなり、行き場を失った浅川の水が最下流部で溢れて、洪水被害をもたらす。これが内水災害である。

しかも、ダム建設予定地より下流は、長野市でも一番の人口密集地で、都市化が急速にすすみ、かつては田畑であった流域も、今ではほとんど宅地開発などがされ、コンクリートで固めた町からは、雨が降れば、いっせいに雨水が浅川に流れ込む。つまり、都市型水害への対応と、下流の内水災害対策こそ重要であり、危険な地すべり地帯にあえてダムを造っても、水害は防げないのである。

浅川ダム予定地の地質は、裾花凝灰岩《すそばなぎようかいがん》という火山岩で、あの地附山地すべり災害を起こした崩れやすい脆い性質のものである。あわせてそれがスメクタイトという熱性変質を起こした成分(空気に触れたり、水を含むと、溶けて流れる脆い地質)を多く含み、水を含むと溶けて流れる。その上に、国土研の奥西一夫京都大学教授の指摘では、県が公表していない、もっと深い地すべりがダムサイトにあるのではないか、ということで、地附山地すべり災害を目の前で体験している住民たちは、真相解明のための調査とダム建設の中止を繰り返し県に申し入れた。

このことが、一九九九年に行われた県会議員選挙で、公共事業のあり方や予算の使い方の問題として大きな争点にもなり、「浅川ダム反対、無駄な公共事業の見直し」を掲げて闘った日本共産党県議団が二名から五名に躍進する結果にもなった。選挙戦の後の六月、県はそれまで絶対にないと主張していた深い地すべりの存在を認め、専門家による「浅川ダム地すべり等技術検討委員会」が設置された。一〇名の委員によって構成されたこの委員会には、国土研から奥西先生も委員となったが、基本的には「九対一」と言われる力関係の中で、県が行ってきた今までの調査を肯定し、委員会としての新たな追加調査はほとんどしないまま、「県の対策はおおむね妥当である」という報告書をとりまとめ、この報告書が、それ以後、安全性を証明するバイブルであるかのように取り扱われていくこととなる。

新たに深い地すべりが発見され、その対策が必要になったことから、事業費が七〇億円追加され、当初一二六億円で出発した浅川ダム事業は、この時点で四〇〇億円となった。

「浅川ダム地すべり等技術検討委員会」の報告を受け、県は公共事業評価監視委員会に改めて浅川ダム建設の是非をはかった。当時の公共事業評価監視委員会は非公開であり、公開を求める世論におされて、せいぜいマスコミにようやく公開したという状況であり、浅川ダムに関する住民の意見陳述は認められなかった。その結果、監視委員会の結論は全員一致で「事業継続」となり、意見書には、「すみやかに事業を促進されたい」となっている。本当に住民の納得のいく調査や解明がされたのかには事実上踏み込まないまま、県の方針を追認する結果となったのである。（後日、この時の監視委員会のメンバーの一人でもある長谷川敬子弁護士が不信任を受けた田中康夫氏の対抗馬として知事選に出馬した。）

## ※田中知事誕生と脱ダム宣言

　こうして、浅川ダムは、安全性やその効果に大きな疑問を持つ住民の世論と運動で四回にわたって本体着工を延期させてきたものの、県知事選挙を前にした二〇〇〇年八月、ついに、前田建設・フジタ・北野建設の共同企業体に本体工事が発注されたのである。

　浅川ダムについては、かなり以前から、受注企業の「談合疑惑」がささやかれていた。住民の根強い反対運動があり、ダムサイトの地質や地盤の危険性が次々に明らかになり、本体工事の工法も「まだ決まらない。検討中である」と県が説明している段階で、「浅川ダムは前田建設がやることになっている」と、まことしやかにささやかれていた。本体工事の入札前日にも、「浅川ダムは談合で受注企業がもう決まっている。前田・フジタ・北野だ」という内部告発の電話があり、反対運動を進めてきた住民たちは、入札会場の前で、入札中止を訴えて抗議した。やむなく、県は入札参加企業から、「もし談合の事実が明らかになれば、契約を解除されてもやむをえない」という異例の誓約書を取って入札を行ったが、結果はうわさされていた通りの企業への落札となったのである。

　そして県知事選挙が行われた。選挙の結果はマスコミなどの大方の予想をくつがえして、前副知事の池田典隆氏を破って、わずか二カ月前に立候補を表明した作家の田中康夫氏が当選した。

土木技監が選挙違反で懲戒免職となり、土木部の多くの幹部職員が処罰され、塩尻《しおじり》市の助役が責任をとって辞職するなどの大がかりな県庁ぐるみ、市町村長会ぐるみ、組織ぐるみの大政翼賛型選挙を打ち破っての勝利だった。選挙結果には、選挙戦の争点ともなった「公共事業の見直し」「税金の無駄使いをやめる」「浅川ダム・下諏訪《しもすわ》ダム反対」への県民の強い期待が示されていた。

田中康夫氏の選挙公約は、問題になっているダム建設や、高規格道路（注4）などをはじめとする公共事業については、「いったん白紙に戻し、現場に足を運び、住民の意見をよく聞き、見直す」という公約だった。

浅川ダムについては、知事就任約一カ月後の一一月の末、現地調査を行い、その場で住民集会を開き、賛否両論を激しく戦わせる満員の住民を前にして、「このままこの事業を続けていくことは将来に禍根《かこん》を残す恐れがある。浅川ダムは、いったん白紙に戻し、工事は一時中止する」と発表した。私は、県議会各会派の団長への「浅川ダムは一時中止します」という田中知事からの携帯電話への連絡を、第二二回日本共産党大会に出席中の伊豆の宿舎で受け、長野県からの大会参加者とともに喜びあった。

その後、田中知事は、いったん予算計上してあった下諏訪ダムの用地買収費の削除を含め、翌年（二〇〇一年）の二月県議会開会の二日前となった二月二〇日、ぎりぎりまでの努力の結果として、下諏訪ダムの中止と「脱ダム宣言」（注5）を発表したのである。

ダム推進を進めてきた県議会の多数派や関係市町村長は、「突然だ」「独善的な手法だ」「横暴だ」と大声をあげたが、納得できないダム建設に反対し続け、今まで県政になかなかその声が届かなかった多くの県民は、ようやく県民の声が届き始めた新しい県政の変化を心から歓迎した。

しかし、ダム推進を進めてきた県議会多数派は、あくまでダム建設に固執し、知事が削除した下諏訪ダムの用地買収費を修正復活させたのをはじめ、専門家のみによる公正な検討に歯止めをかけようと、県議会代表や関係市町村長をメンバーに入れ、政治的思惑を反映させようとする「長野県治水・利水ダム等検討委員会」を議員提案で設置した。これに対し、知事は、県議会にはダム建設に賛否両論の意見を持つ会派が存在することを理由に県議会の全会派から一人ずつの委員を委嘱《いしょく》することを決め、県議会では唯一、浅川ダム・下諏訪ダムに反対し続けてきた日本共産党から私が検討委員に委嘱された。そして私は、検討委員会での互選で浅川部会の部会長に選ばれた。

## ※「石坂千穂つれづれ日記」を書き始めた理由

私が毎週木曜日の朝、長野電鉄朝陽《あさひ》駅前で始めた街頭宣伝は、もう二一年続いている。三三歳の私が初めて選挙の候補者を引き受けた時、二人の娘は二歳と四歳、まだ息子はいなかった。まったく無名の新人の一主婦に過ぎない私の知名度を少しでもあげようと考えたのが、長野駅をはじめとする駅頭での朝の街頭宣伝。その時はまだ、私が住んでいたのは他の地区だったが、その後朝陽地区の住人となり、家も建てて、ここが私の地元になった。

毎週この場所から、私の思いやその時々の政治にかかわる問題を私なりに訴えてきた。議員になってからは、私を議会へ送り出してくださった人たちへの議会報告の意味も込めて、この駅頭からご挨拶をさせていただいてきた。この駅の宣伝を通じて、多くの人たちとお知り合いになれた。

駅の近所の家の人たちは、「新聞を読むように、石坂さんの朝の街頭宣伝を楽しみに聞いているのよ。あれを聞いて、ああ、今大事なことはそういうことなんだな、とか、ああ、あれはそういうことだったんだとか、いろいろためになりますよ」などと激励してくれる(お世辞でもうれしい!)。

そして二〇〇〇年一〇月、田中知事が誕生し、ガラス張りの知事室を中心に、県政は県民にとってすっかり身近なものになった。「電話、ファックス、メールでご意見を受け付けます」という県政の中で、当時の私は、ワープロもできず、質問原稿も手書きで手工業的に作っている始末。「知事が代わり、長野県では、主婦たちが、朝一時間早起きをして、まず新聞に目を通し、県政に関する記事を読んでから家族の食事の支度をするようになった」と言われる変化が始まっている中で、メカに弱い私もパソコンに触れないわけにはいかなくなった。

一方、県政への県民の関心が高まる中で、マスコミは連日、「県議会対知事の対決」ばかりに焦点をあて、県議会の中でも必ずしも対決ばかりでない私たち日本共産党県議団のことについては、ほとんど報道しない。たまりかねた私が、記者クラブの部屋へ行き、『信濃毎日新聞』の担当記者に、「いくら日本共産党が五名の議員団だからといって、無視するのはおかしい。県政会を八行書いたら共産党の主張を一行書いたっていいじゃないですか」（当時、県議会最大会派の県政会は四一名で、日本共産党との力関係は八対一）と抗議したくらいだ。

マスコミだけでは伝わらない真実を、ささやかでも伝えたい。長野県政の場で、今、何が起こっているのかを、一人でも多くの人たちに知ってほしい。そんな思いで、私はたどたどしいながらもパソコンを操作し、ホームページを開設した。事実に即して、長野県政の真実と、私の思いが少しでも伝われば……と書き綴ってきたのが、この本のもとになった「石坂千穂つれづれ日記」である。

初当選した選挙の告示日での第一声（1991年）

（注1）一九八五年七月二六日、長野市地附山《ちづきやま》で大規模な地すべり災害が発生し（幅約五〇〇メートル、長さ七〇〇メートル）、全壊家屋五〇棟、特養ホーム「松寿荘」のお年寄り二六名が亡くなった。地附山は浅川上流の飯綱山に隣接している。

（注2）一九三九年、浅川上流の農業用ため池・論電ガ谷池が決壊し、浅川の上流・中流域の田畑や家屋が流出、牛馬も流され、死者一九名という被害を出した。

（注3）洪水時に、河川の流下能力が足りないために洪水が河川からあふれて起こる水害が外水災害。これに対し、浅川は合流する千曲川の河床、水位が浅川より高いために、浅川の洪水が千曲川に流れ込めず、逆流してあふれる内水災害に苦しんできた。そのため、浅川と千曲川との合流点には、逆流を防ぐ水門があり、洪水時には水門を閉めて、浅川の水をポンプアップして千曲川へ流す。

（注4）高規格道路には、自動車が高速走行できる道路で、全国的な自動車交通網を構成する自動車専用道路「高規格幹線道路」と、この「高規格幹線道路」にアクセスし、一体化して地域間の物流、人の移動を促進する「地域高規格道路」がある。ここでいう高規格道路とは、地域高規格道路「松本糸魚川連絡道路」のことで、松本市から新潟県糸魚川市までの道路延長一〇〇キロメートルに及ぶ道路を、安曇野を横断する形で、総事業費五〇〇〇億円をかけて建設するというもの。すでに三本の主要道路が走っている安曇野に、高規格道路は自然環境の破壊にもなり、必要ないという意見も多く、田中知事初当選の頃から建設に反対する住民運動がある。

（注5）脱ダム宣言全文＝数百億円を投じて建設されるコンクリートのダムは、看過《かんか》し得ぬ負荷を地球環境へと与えてしまう。更《さら》には何《いず》れ造り替えねばならず、その間に夥《おびただ》しい分量の堆砂を、此《これ》又《また》数十億円を用いて処理する事態も生じる。／利水・治水等複数の効用を齎《もたら》すとされる多目的ダム

建設事業は、その主体が地元自治体であろうとも、半額を国が負担する。残り五〇%は県費。九五%に関しては起債即《すなわ》ち借金が認められ、その償還時にも交付税措置で六六%は国が面倒を見てくれる。詰《つ》まり、ダム建設費用全体の約八〇%が国庫負担。然《さ》れど、国からの手厚い金銭的補助が保証されているから、との安易な理由でダム建設を選択すべきではない。／縦《よ》しんば、河川改修費用がダム建設より多額になろうとも、一〇〇年、二〇〇年先の我々の子孫に残す資産としての河川・湖沼の価値を重視したい。長期的な視点に立てば、日本の背骨に位置し、数多《あまた》の水源を擁する長野県に於いては出来得る限り、コンクリートのダムを造るべきではない。／就任以来、幾つかのダム計画の詳細を詳《つまび》らかに知る中で、斯《か》くなる考えを抱くに至った。これは田中県政の基本理念である。「長野モデル」として確立し、全国に発信したい。／以上を前提に、下諏訪ダムに関しては、未《いま》だ着工段階になく、治水、利水共に、ダムに拠《よ》らなくても対応は可能であると考える。故《ゆえ》に現行の下諏訪ダム計画を中止し、治水は堤防の嵩《かさ》上げや川底の浚渫《しゅんせつ》を組み合わせて対応する。利水の点は、県が岡谷《おかや》市と協力し、河川や地下水に新たな水源が求められるかどうか、更には需給計画や水利権の見直しを含めてあらゆる可能性を調査したい。／県として用地買収を行うとしていた地権者に対しては、最大限の配慮をする必要があり、県独自に予定通り買収し、保全する方向で進めたい。今後は県議会を始めとして、地元自治体、住民に可及的速《かきゅうてきすみ》やかに直接、今回の方針を伝える。治水の在り方に関する、全国的規模での広汎なる論議を望む。

# 第Ⅰ部

# ダム建設をめぐる攻防

「浅川部会」の議論の経過を集会で報告する著者

## 今年こそ、よい年でありますように〈1月1日〉

いよいよ二〇〇二年を迎えた。毎年元旦は、善光寺の仁王門前で原水爆禁止長野県協議会の皆さんと「ヒロシマ・ナガサキからのアピール署名」（核兵器廃絶署名）を集める。今年は二四人の参加で、午前九時半から一時間で約三五〇名分の署名が集まった。アフガニスタンの子どもたちや、アメリカの報復戦争で犠牲になった罪なき人々のこと、つい最近、またしても臨界前核実験を行ったアメリカのことなどを考えながら署名行動に参加した。

続いて、やはり恒例の、初詣の皆さんへの日本共産党の新年の街頭宣伝。今井誠県委員長を先頭に、衆議院長野一区予定候補者の中野早苗さん、原田誠之・長野市市会議員、阿部孝二・長野市市会議員と私が弁士。今年こそ平和な年であってほしい、何とか景気をよくしたい、県政で始まった変化を本物の流れに……そんな思いを込めて、初詣の皆さんにごあいさつ。

本日付『長野日報』には、田中知事が、新年度から「三〇人学級」を一年生から実施することに強い意欲を示していると報じられている。新年度からの実施が実現するように、私もがんばりたい。

## 三〇人学級、いよいよ実現間近〈1月4日〉

今日の田中知事の定例記者会見で、長野県として、新年度小学校一年生からの三五人以下学級（平均二六人前後で、三〇人以上のクラスには補助教員をつけてチームティーチングにするという、実質、私たちが願っていた三〇人学級に匹敵するもの）を実施していくという方向に、知事の意向が固まってきたこと、教育委員会もそのための予算措置などのシミュレーションをしていることなどが、ほぼ明らかになってきた。

やった！　実施までにはまだ細部の検討は必要だけれど、実現に向かって大きく動き出したことは確か。私も引き続き、がんばろう。

## 浅川ダムはこれからどうなる…〈1月10日〉

今日は「浅川部会」。前回の部会（二〇〇一年一二月二六日）で、浅川ダムの安全性を議論するためには、「長野県の対策はおおむね妥当」と結論を出した「浅川ダム地すべり等技術検討委員会」の川上浩委員長はじめ、関係者に出席してほしいと要望が出され、出席を要請することになった。

浅川ダムは地すべり地帯に計画されている。地震のときに、本当に大丈夫なのか、ダムサイト右岸の多数の割れ目（溝状凹地）は大丈夫か、左岸のスメクタイト（熱性変質）化した広い地域の地質の状態は？　住民の意見陳述を断ったり、委員から希望があればもう一度委員会を開いてまとめるといっておきながら、委員会を開かないままままとめてしまったのはなぜ？……まだまだ解明が必要なこれらの疑問に、次回の部会で答えていただくように要請することとなった。

また、今日の部会で、松島信幸委員（伊那谷《いなだに》自然友の会会員・地質学専門家）が、浅川のダムサイト周辺の地質を独自に調査された中間的な報告をした。それによれば、私たちが考えていた以上に危険な状態であることは確か。ダムサイト左岸のスメクタイト化した地盤は想像以上で、その上へのダム建設は技術的には不可能ではないが、相当の難工事になることと、多分、今考えている以上のお金がかかる。さらに完成後も絶えず補修が必要となり、安全性と費用の問題が出てくる。「それほどまでして、ここにダムを造らなければならないのか、こうなれば人間としての倫理観の問題」と松島先生は言っているが、私もまったく同感。

河川工学が専門の大熊孝委員（新潟大学教授）も、常時満水になるところまで地すべりを抑え、盛土で抑えて、そこへダムを造るというのは、全国でここしかないのではないか、と指摘した。

やっぱり危険がいっぱいの浅川ダム。

また今日は、ダムに代わる治水対策の提案も六人の委員から出された。次回以降にこれを具体的に議論していくこととなる。

浅川の治水を考える場合、千曲川の合流点の問題も大きな課題（一一ページ参照）。

三月末までを一つのめどに結論をということだが（六一ページ参照）、一カ月に三回の部会のスケジュールは、正直言ってつらいところ。浅川部会長としての私の役割は、議論を尽くす中で合意をつくっていかれるように、充分な議論のテーブルを保障していくことだ。議論を尽くせば、必ず合意できる。

## 許せない！　公共事業のきたない仕組み〈1月18日〉

今日、私の事務所に電話があった。その内容は、「夫が勤めていた建設会社をリストラされた。会社は、県の土木部長から、天下りを受けないと仕事がなくなると言われてきたが受け付けなかった。ほとんど公共事業が取れなくなって、夫はリストラされてしまった。天下りを受け入れた会社は、天下りした元県職員一人当たり一四〇〇万円から、人によっては二〇〇〇万円も払っている。そして、公共事業を取って太っている。特に前田建設（浅川ダムを造ることになっている）は談合の仕切り屋だ。そして、その中心人物はU氏です。前田建設は本当にひどいことをやっています。浅川ダムなんて絶対に反対。ぜひ石坂さんにがんばってほしい」と、泣き声での訴えだったそうだ。

公共事業がそういうきたない仕組みによって動かされていることはかねてから聞いてはいたものの、やはり許せない思いでいっぱいになる。だって、公共事業は県民の税金を使ってやるんだから、決して土木部の職員の天下り先を確保するためのものじゃないはずだから。こんなきたない仕組み、許せない。田中知事の下で、ようやく始まった公共事業の見直し。改善するべきことがいっぱいある。課題は重い。

## 税金の使い方が変わり始めた〈1月19日〉

暗いニュースの多いこのごろだが、うれしいニュースをいくつかご紹介。

ＢＳＥ（牛海綿状脳症）の問題では農家や焼き肉屋さんの被害が大きい。ところが、やっとできた農家のための融資の制度は、「借りても一年で返さなければだめ」という国の方針で、これでは制度はあっても借りられない。「もっと困った人の立場に立って借りやすい制度に。返済期間を延ばして」と、私たちも知事に申し入れ、国や県に働きかけてきた。昨年（二〇〇一年）一二月県議会では、わが日本共産党県議団では、農政委員会所属の藤沢のりこさんのがんばりも大きく、議会最終日には、農政委員全員で知事に要請するという事態にもなった。

田中知事は「無利子で返済期間五年」の長野県独自の融資制度を創ることを表明した。全国で初めてのことだ。「五年なら借りたい」とすでに希望が出始めている。危険を知りながら肉骨粉の輸入を禁止しなかったばかりか、今なお無責任な政府の対応とは対象的だ。

また、きびしい県財政を理由に、見直しの対象にされていた私立学校への補助金について、田中知事は関係者との懇談で、「増額を検討する」と表明した。この問題は私も一二月県議会の質問で取り上げただけにうれしい。

今日の『信濃毎日新聞』に、長野市の男性の「期待できそう、県の補正予算」という投書が載っていた。総額七八億円のうち七五億円を中小企業予算に向けた一二月補正予算を評価している。「今年は何かいいことがありそうな気がする」と。税金の使い方が変わり始めている。長野県政は確かに変わり始めている。

## がんばるお母さんたち〈1月23日〉

今日は、三〇人学級の問題をはじめ、教育のことで明け暮れた一日だった。

まず、午前中は長野中央病院発達相談員の中野早苗さんが代表の「子育て・教育・子どもの文化ネットワーク」のお母さんたち約三〇人と一緒に、県教育委員会義務教育課と「三〇人学級」のことで懇談。

私も初めて聞いたが、長野市内のY小学校一年生担任の先生が、一学期だけで事実上の「過労死」してしまい、そのクラスの子どもたちは、今、臨時採用の先生が学級担任をしているのだそうだ。亡くなられた先生は、今年、中学校から移ってきたばかりで、「小学校は大変さが違う」と言いながらも、一生懸命取り組んでおられたとのこと。

また、小学校低学年の授業参観に行くと、いつも必ず二〜三人の子が教室をうろうろ歩き回ったり、出たり入ったりしていて、担任の先生がとても大変、という話も出た。

不登校気味の小三のわが子を連れてきたお母さんは、「先生から声をかけてもらっただけで子どもはうれしい。先生が好きになれば、勉強が好きになり、学校が好きになる」と話してくれた。

30人学級の実現を求めて「子育て・教育・子どもの文化ネットワーク」のお母さんたちと一緒に長野県教育委員会へ

子どもが好きで好きで、小学校の先生になった学生時代の友人が、声をからしながら授業でがんばり続けたせいか、「のどが痛い」「のどが痛い」と言って、若くして喉頭がんで死んでしまったこともあり、友人の無念の思いを受け継いで、なんとしても三〇人学級を実現したい、と思いを語ってくれた若者もいた。

新年度からの、小学校一年生からの三〇人学級実施を、田中知事が表明しているが、実現すれば本当にうれしい。他の学年にも早く拡大していきたい。

午後は教育長と日本共産党県議団の懇談。三〇人学級、教員の資質向上、同和教育などについて意見交換をした。教員の資質向上の問題では、行政側の評価でなく、保護者や子どもの評価を重視してほしいと要望した。

懇談の中で、教育長が三〇人学級について、「きびしい県財政の中で、三〇人学級を実施すれば、全部県単独事業としてお金がかかるので心苦しい」と言ったことが、私は気になった。確かに限られたきびしい財源ではあるけれど、多くの心ある県民は、子どもたちのために使う三〇人学級の、約三億円の予算に賛成してくれるに違いないと思う。今までの県政は教育長にそんな思いをさせるほど、教育に冷たかったのだろうか。

## 浅川ダムの安全性にますます深まる疑問〈1月28日〉

今日は浅川部会。「浅川ダムは安全だ」という結論を出したとされている「浅川ダム地すべり等技術検討委員会」の川上浩委員長をはじめとする関係者に出席していただき、説明を受けた。聞けば聞くほど、安全性への疑問は深まるばかり。なぜならば、ダムサイト左岸の大きな地すべりの可能性も、ダムサイト右岸の溝状凹地と断層との関係も、「調査の必要なし」と片付けて、「一〇人中九人は一致した」「立派な論文をたくさん書いている先生ばかり」と、それだけ言われて安全だと信じなさいと言われてもねえ。

しかも、浅川ダム事務所の所長さんの説明によれば、ダムサイト周辺に広く分布しているスメクタイトという地質は、空気に触れたり、水を含むと、溶けて流れる脆《もろ》い地質のため、ダムを造るときには、掘ってから二四時間以内にさっとコンクリートで覆い隠すという、神わざのような工事で、脆い地盤を覆い隠すのだという。

その上、地下からは今でも鉱泉などのアルカリ性の水が湧き出しているので（川上委員長はこの鉱泉についても、関係ないから、調査の必要はないと言った！）、コンクリートは予想以上にみるみる劣化してしまう。なぜそれほどまでして、あんな危険な地すべり地帯に無理やりダムを造らなくてはならないのだろう。

## 県会議員の海外視察の改善（？）案 〈1月29日〉

県会議員の海外視察が今、県民の批判を浴びている。それは当然のことで、私が当選した一〇年前のころは三期以上の議員でなければ、海外視察に行く資格がなかった。

「年功序列。ごほうび的な視察は反対」と批判したら、今度は、一・三・五期の議員は一人二〇万円、二・四・六期の議員は一人一五〇万円で視察するというばかばかしい案を「改善した」などというので、これも全然だめと反対し、日本共産党県議団はただの一度も参加していない。

今回、県民の批判が高まる中で、一人八〇万円以内の実施計画書を全会派の代表からなる審査会でチェックし、実施にあたっては旅行業者の入札を行って節約につとめ、実施報告書を議会のホームページで公表する、という案を出してきた。そして、県財政きびしき折、三年間実施を見送る、ということなので、私たちは「見送る」という部分に賛成した。

きびしいチェックは大きな前進だけれど、一人八〇万円という感覚は大いに疑問。一五〇万円と二〇万円を足して二で割った八五万円から五万円引いただけで、田中知事からは「二〇万円の人は四倍になったではないか」と反論されていた。そのとおり。先に八〇万円ありきでは、絶対、県民の納得は得られない。

必要不可欠な視察のみ、節約して実行するという当たり前のことが、なぜできないのだろう。本当に情けない県会議員たち。こんな人たちの仲間とは思われたくない。

## 地方労働委員会に風穴を開けた工藤きみ子さん 〈2月2日〉

今日は朝から大忙し。長野県医療労働組合連合会の大会、「三〇人学級を新年度からなんとしても！」の集会、そして、新しく地方労働委員会（注1）の労働者委員に選ばれた工藤きみ子さんを励ます会に出席した。

長野県では今までずっと、地方労働委員会の労働者委員は「連合」（労働組合の中央組織である日本労働組合総連合会の長野県組織「連合長野」。日本共産党とは一線を画す）からしか選ばれてこなかった。長野県労働組合連合（以下「県労連」とする）からも、ぜひ、公平に労働者委員を選んでほしいと、私も議会で取り上げてきたが、「労働者委員としてふさわしい人物を総合的な観点から公正に選んでいる」の一点張りで、事実上の県労連への差別が続いてきた。

今回も労働者委員を独占しようと「連合」が田中知事にさまざまな圧力をかけ、「次の選挙には推さない」とまで言い、ついには天下の「連合」の笹森清会長まで乗り出してきて、「県労連は特定政党の支配下にあり、組合員はみんな党員」などと言い出すにいたってはもう、お粗末きわまりないと言わなければならない。そんな不当な圧力に負けず、しかも、知事選挙では「連合」の支援を受けた田中知事が正義を貫いたことは、本当に勇気のいる立派なこと。私も心からの拍手を送りたい。

戦後、初めての民選知事として当選した、社会党員だった林虎雄知事が、労働者の圧倒的な支持を受けて選挙で選ばれた東芝労連委員長の新井さんを、占領軍の圧力に負けて地労委委員に選ばず、県民を裏切って変質していったという長野県の歴史をふり返っても、まさに今回の工藤さんの選任は長野県の民主主義の歴史の新しい一ページを開くこととなった。

工藤きみ子さんは、「県労連」推選の委員としては全国で四人目、女性では全国初めてということである。工藤さんはさっそく、会社の不当な労働組合つぶしや差別を、裁判闘争でたたかっている高見沢電機の争議の担当になり、忙しく飛び回っているようだ。そうは言っても、まわりは全員「連合」委員。苦労はいろいろあると思う。

私も一一年前に初当選したとき、三六年ぶりの女性議員として、当時の県議会ではただ一人の女性議員、そして、唯一野党の日本共産党の議員ということで、まわりの人たちは「いじめられるよ」とずいぶん心配してくれたし、私自身もだいぶかまえていたが、実際に議員になってみると、いわゆる「いじめ」はほとんどなかった。県民の願いと正論をかかげてがんばる限り、表立ったいじめはできないのである。

がんばって! 工藤きみ子さん。労働者の人間らしく働く権利が守られるかどうかが、あなたの肩にかかっている。心からのエールを送り、活躍を期待したい。

## ちょっといい話 〈2月3日〉

今日は、私が顧問をしている「長野生活と健康を守る会」の総会。この総会のごあいさつで紹介した「ちょっといい話」。

一一月の「生活と健康を守る会」と県住宅部の交渉の際、駒沢団地に住んでいるMさんから引っ越しをしたいと希望が出された。Mさんは車椅子の一人暮らしの男性。ところが、今まで住んでいる所（県営住宅）は、一階は台所兼用の一部屋しかなく、寝るためには狭くて急な階段を上って二階へ上らなくてはならない。「何とか階段を上らなくていいところに引っ越したい」というのが、Mさんの願いだった。「県営住宅の空家の状態を調べて、何とか対応しましょう」というのが、その日の住宅部の回答だった。

私はMさんのお部屋を見せてもらいに行って、これでは本当にお気の毒、何とかお正月は新しく使い勝手がいいお部屋で迎えていただきたいなあ、と考えた。

さっそく住宅部の職員に実情を説明したところ、きめこまやかな対応をしてもらい、本来引っ越しの際、今まで住んでいたところの障子やふすまを張り替えていく費用がいるのだが、それは免除となり、引っ越し用のトラックの手配とその費用、Mさんが自分で入れたお風呂の移転費用（なんと五万五〇〇〇円）などは、県が長野市と交渉して、生活保護の費用で出ることとなり、個人負担なしのお引っ越しで、同じ県営住宅の中の、階段を上らなくてもよい造りのところに移ることができた。

Mさんは、使い勝手がよくなったお部屋でお正月を迎えることができ、引き続き老人クラブの「カラオケ部長」もつとめられることになった。

二、三日前に、県庁の廊下で住宅課長に会ったので、「住宅部の皆さんにいろいろお世話になりました」とお礼を言うと、「いや、県職員たるもの、本来、当たり前のことをしただけですよ」という返事が返ってきた。本当にその通りではあるが、今まではなかなかそんな言葉も、そんな仕事も、県職員から示されたことが少なかった。

県職員は、県民の幸せのためにがんばっているのだという、最近あったちょっといい話。やっぱり、県政は確実に変わり始めている。

## そうだったっけ? 〈2月10日〉

今日は第七回浅川部会。前回、「浅川ダム地すべり等技術検討委員会」の関係者の説明を受け、あの委員会が「ダムサイト周辺の地すべり」と「ダムに支障となる第四紀断層（一般的には「活断層」〈これからも動く可能性のある断層〉とも言う）だけを検討した委員会だったこと、つまり、安全性のすべてについて検討した委員会ではなかったことが改めて明らかになり、安全性への疑問はますます深まった。

今日の松島信幸委員（地質学）の調査結果の説明によれば、ダムサイト右岸の溝状凹地は、「割れ目が口をあけ始めている」上に、地盤が毎年二センチずつ隆起していて、そのことが割れ目をさらに促進する役割を果たして、割れ目はまるでお辞儀をするようにダムサイト側に崩れる可能性があるという。

そんな危険なところだったのか、と改めてみんなびっくりしたのだが、そんなことを、なぜ今までの県の説明でしないのか、県はそのことを知っているのか、という質問に対し、「当然承知しており、そのことを前提にして計画してある」という県側の説明だった。

そうだっけ？　一〇年以上にわたって浅川ダムの問題にかかわってきたはずの私でも、今まで、そのことの詳しい説明を県から受けた記憶はない。指摘をすると、そのつど「知っていた」と県の担当者は言うのだけれど、それにしては、県民にあまりにも説明不足だ。

今日の部会で、安全性のための追加調査を、松島先生の申し出により行うことになった。いったい、あの「地すべり等技術検討委員会」は何を検討したのだろう。解明されていないことがまだまだある。

## 県議の「海外視察」、氷山の一角が…〈2月17日〉

元県議会議長（現参議院議員）の吉田博美氏が、議長当時に行った海外視察は、事実上の観光旅行であり、公費の支出は不当、と返還を求めた住民監査請求に対し、長野県の監査委員会はその言い分を認め、観光旅行と思われる部分の約二〇〇万円分の返還を求める勧告を田中知事に行った。（編集部注＝詳しくは長野県公式ホームページ「チャンネルながの」の予算・財政のサイト〈http://www.pref.nagano.jp/gyousei/yosan/yosan.htm〉を参照）

私が知っている限りでは、住民監査請求の言い分が認められたのは、多分初めてと言っていい。その意味では、今回の勧告は評価に値する。県民世論の勝利だ。

そして思うのは、「これは、吉田さんだけ？」という疑問。そもそも、理解に苦しむ不思議な海外視察に、私たち日本共産党県議団は反対して参加していないけれど、一五〇〇万円枠だ、二〇〇万円枠だと、先を争って、この三年間の間にのべ五四人の県会議員が公費で海外視察に行っている。その視察が、いったい県政にどれだけ役立ったか知らないけれど、税金を支出するのにふさわしくない「視察」は、果たして吉田さんだけだろうか。

今回の事態は、ようやく氷山の一角が明らかになってきた、という段階に過ぎない。この際、真相のすべてを明らかにしてほしい（四八ページ参照）。

## 不穏な動きの中で、定例県議会開会〈2月21日〉

今日から定例の二月県議会が、約一カ月の予定で始まった。

知事から新年度予算などの提案説明。

①福祉・医療、②環境、③教育、④雇用・産業を重点課題として位置付けるという基本方針で、宅幼老所や精神障害者への支援や、児童相談所・婦人相談所の充実で児童虐待やＤＶ（女性に対する暴力）対策などをはじめとする福祉の分野は、例年になくきめ細かく、今まで要望してきたことの何年分もの願いが一度に実ったという印象だ。この点、私としては、大いに評価できると思っている。

ところが、公共事業を増やさないから気に入らない、今まで通りにやりたい、という議会の多数派の議員たちは、しばらく前から「知事不信任案」を口ばしっているので、今日の私へのマスコミのインタビューは、例外なく「不信任案が出たらどうしますか？」というもの。わが日本共産党県議団の態度は、もちろん、きっぱり「反対」だ。

前県政とは、比べものにならないほど身近になった県政、情報公開と民主主義が進んだ県政に、「不信任」の理由は見当たらない。必要なのは、お粗末な海外視察の実態からも明らかなように、税金の無駄遣いに無頓着な、県民からかけ離れた存在になってしまった県会議員たち自身への不信任ではないだろうか。

## 無理が通れば、道理が引っ込む〈2月23日〉

今日は第九回浅川部会。今日の部会の主な目的は、三月二一日に予定している公聴会に提案する浅川流域の治水・利水対策案を作ることだ。前回までの八回の部会で、「安全です」という報告をしたことになっている「浅川ダム地すべり等技術検討委員会」は、実は安全性のすべてを検討したのではなかったこと、ダムを造っても、下流の内水災害（二二ページ〈注3〉参照）は解決できないこと、ダムがあると、洪水時に、むしろ下流の内水災害は大きくなることなどをはじめ、いくつかの問題点が今まで以上にはっきりしてきた。

また、新たに三日間にわたったダムサイトの断層のトレンチ調査で、FV断層（ダムサイトを横切っている断層）が第四紀断層（活断層）であることも判明した。

これだけの不安要素がそろっても、やはり今までどおりのダム計画がいい、という意見の人たちの考えが変わらないのは、本当に理解に苦しむ。土木技術への過信というのは本当に恐ろしいものだ。

結局、公聴会には、当初予想された通り、ダムによる案とダムなしで総合的な治水を行う案を提案することになった。

浅川ダムは治水・利水の目的を持つ多目的ダム（洪水調節、水道用水や農業用水の取水など、治水・利水を目的として造られるダムで、事業主体は国や県。利水目的のみのダムは一般的に事業主体は市町村となる）だ。しかし、当初の計画より、人口は増えず、事業系も含めて、給水量の予測は「水は足りる」結果となった。そのことは認めつつも、鷲沢正一長野市長は、「犀川《さいがわ》からポンプアップしている水はコストが一〇倍、ポンプの電気を使うのも環境に悪い。危機管理上、水源はたくさんあったほうがいい」と主張した。

ところが他の委員から、ダム予定地の上にある産廃処分場は、何度も警告を受けている悪質な処分場であること、浅川ダムの利水のための負担金は、裾花ダムなどすでに取水している他のダムに比べて一立方メートルあたりの金額が一〇倍にもなり、水道料金値上げの心配もあることなどを指摘されると、突然席を立って、市の職員と打ち合わせを始め、事実上、会議を中断せざるを得なくなった。そして、一年に一回水質検査をしているから大丈夫、負担金が高くても、水道料金は上げない、と主張した。

ポンプで上げる水は高いから、コストの安いダムからの自然流下の水がほしいと言ったばかりなのに、ダムの負担金なら高くてもいい、というのは、とても矛盾している。ポンプアップするのに電気を使うから環境にやさしくない、と言いながら、産廃の上に土をかぶせ、その上にまた産廃をのせて土をかぶせ……とサンドイッチのように、それをピラミッドのように、何年もかかって積み上げた悪質な産廃処分場から流れてくる水を市民に平気で飲ませるというのも、もってのほかだ。

無理が通れば、道理が引っ込む。

ダムを造るためならなんでも理由になるという論理で、まったくあきれてしまう。上流の住民がどんな思いで、あの地附山《ぢづきやま》地すべり（二二ページ〈注1〉参照）や論電《ろんでん》ガ谷《がや》池《いけ》の決壊（二二ページ〈注2〉参照）を体験してきたのか、どれほどこの産廃処分場の悪臭に悩まされてきたのか、わかっているのだろうか。

## 借金をつくったのは誰か？〈2月28日〉

開会中の定例県議会の代表質問で、危機的な長野県の財政状況について議論がされている。今では、多くの長野県民が知っているように、長野県の財政は大変な借金を抱えている。県の予算全体に対する借金の割合が、全国四七都道府県の中で悪い方から二番目、ワースト2である。年間約一兆円の予算に対して、借金は一兆六五〇〇億円、その借金の利子だけで年間五〇〇億円、一日あたり一億五〇〇〇万円ずつ利子を払っていることになり、借金払いに使っているお金（公債費）は、なんと年間予算（一般財源）の四分の一を占めている。

なぜ、こんなに借金ができてしまったのか。その理由は、九〇年代に、「借金は借金でも、あとから国が地方交付税で約半分を返してくれるのだから、有利な借金だ」と、いわゆる「有利な起債」を使って公共事業の大盤振る舞いをした結果だ。いくら「有利」と言われても、残りの約半分は県の財政で負担しなければならないこと、地方交付税の総額が借金に比例して増えなかったこと、予算に対する借金の割合が限度を超えていることなどが、長野県の財政を今の危機的な状況に陥らせたと言える。

ところが驚いたことに、旧与党会派の皆さんは「長野県の財政が危機的になったのは、田中知事が今年の予算で公共事業予算を削ったため、建設業が大変になり、県税収入がその分減ったからだ」と言い出した。確かに県税収入は最悪の落ち込みだが、一番落ち込んでいるのは電機・精密・機械の三業種で、建設業の落ち込みは三・五パーセントに過ぎない。答弁の中で、知事や総務部長などが繰り返しその事実を述べても、自分たちの勝手な理論を押しつけようとするばかり。

もともと、公共事業の大盤振る舞いによる全国ワースト2の借金財政は、田中知事になる前からのことであり、県税の最悪の落ち込みの前からだ。その最悪の借金作りにかかわった人たちが、自分たちの責任を棚に上げて、借金のおおもとの公共事業を見直そうとしている知事に責任を押しつけているのは、まったくさかさまな話である。そればかりか何の反省もない彼らは、「公共事業を減らすな」と声高に叫んで、借金をもっと増やしなさい、と言っているのだから、どこまでも救いようがない。

## トカゲの尻尾きり？ 〈3月1日〉

県会議員の海外視察のあり方などが県民からの批判を浴びている折、「長野県議会チェックフォーラム」の主催の集会が開かれて、私も参加した。県議会各会派へ「一名ずつ代表を出してほしい」という要請だったのだが、他の会派は「議会開会中で忙しい」ことを理由に欠席した。忙しいといっても、明日は土曜日で、二日間議会はお休みになり、質問の準備をする人以外は出られないことはないと、私は不思議に思った。

「海外視察」「県外視察」「政務調査費」などについて、それぞれ担当者を決めて、情報公開で手に入れた資料を元に調査の結果を報告し、討論するというやり方で、報告者は全員女性だった。

県会議員の海外視察については、吉田博美元県会議長（現参議院議員）の視察が事実上の観光旅行であると、県民オンブズマンから住民監査請求が出され、県監査委員がこの請求を基本的に認め、旅費の一部返還を求める異例の勧告を知事に行い、知事はこの勧告の実施を命じた。吉田氏は返還に応じるそうだ。

「トカゲの尻尾きり」みたいに、吉田氏の個人的な問題だったということで終わらせてしまえば、真相は解明されず、根本的な解決にはならない。これは、私ばかりでなく、多くの県民の気持ちではないだろうか。

今日のフォーラムでは、昨年の東南アジアやアメリカへの海外視察の日程が報告されたが、他の県会議員の皆さんも、吉田氏に負けず劣らず、しっかり観光旅行をしているというのが実態だ（編集部注＝長野県議会チェックフォーラムのホームページhttp://www.giin-fushigihakken.net/を参照）。改めて怒りが湧いてくる。日ごろから、「知事の資質」を問題にしている多くの県会議員は、まず自らの胸に手をあてて、「県会議員の資質」についても、ぜひ考えてほしい。

政務調査費については、わが日本共産党県議団は、県民の税金を使うのである以上、領収書を含めて公開するべきだと主張しているが、こんな当たり前のことが、議会ではなかなか一致できない。

今日のフォーラムの報告者が、県政会と共産党県議団の政務調査費の報告書を、わかりづらいものとわかりやすいものの比較として並べて報告してくれたが、本当に「真相は闇の中……」という感じだ。

日本共産党県議団の場合、資料収集や調査活動、日程調整にあたってくれる事務局員を五名お願いしている。決して高くはないお給料で、日曜日や祝日も関係なくがんばってもらっている。農産物の価格保障をしている高知県の本山町《もとやまちょう》という、まるで仙人の住むような山奥の町へ、レンタカーを運転して一緒に行ってもらったり、「福祉事業への投資は、公共事業への投資より、経済効果、雇用効果を生む」ことを実践している山形県最上町《もがみまち》へ、殺人的なハードスケジュールで同行してもらったこともある。

私たち県会議員が県民の皆さんの切実な要望を実現しようとすれば、このような調査活動は欠かせないことで、実際、先進地の調査が力になって、実現できた県民要望はたくさんある（重度障害児の高等部訪問教育、公共事業の中小企業発注比率を高めること、三〇人学級、乳幼児医療費の無料化制度の充実等々）。そのための事務局員の存在は、なくてはならないものだ。

私たちは、今年度になって、やっと、この事務局員に社会保険にも加入してもらえるようにしたが、そのために、わが日本共産党県議団の場合、政務調査費に人件費が占める割合は約六割である。残りをパソコンやファックス、電話をはじめとする事務経費、議会報告の印刷代や調査活動に当てているわが県議団としては、いつも年度末に足りなくなってしまうのが現状だ。

他の会派はどうかというと、四二名の県政会が事務局員三名、八名の県民クラブは事務局員なし、七名の社会県民連合は事務局員一名だから、これだけ見ても、政務調査費の使い方は、各会派によってかなり違っていると思われる。だからこそ、情報公開が大切ではないだろうか。

全国的にも、今まであまりメスが入らなかった議会の視察や税金の使い方に、長野県でのこのような取り組みが一つのきっかけとなって、改革のメッセージが発信できればいいなと思っている。

## あきれるばかりの県議会の質問　〈3月5日〉

連日の県議会の質問は、まるでやくざか暴力団のような、限度をこえたヤジ、怒号とともに、県財政の問題ひとつとっても、借金をここまで増やしてしまった自分たちの責任は棚に上げて、一方的に知事に「失政だ」と詰め寄り、事実をもって反論されても、次々に同じ主張を繰り返すなど、もう、本当にうんざり。

さらに今日は、柳田清二県議がまたしても、飯田高校殺人事件（注２）の問題で、知事が上告を取り下げなかった責任や、再発防止のための努力をしていないと、声を荒げて、繰り返し、繰り返し迫った。「またしても」というのは、この県議は、同じような問題で、前回も質問しているからだ（二〇〇一年六月・一二月議会）。

理解に苦しむのは、上告したのは、吉村知事の時代であり、議会でそれに反対したのは、私たち日本共産党県議団だけであり、柳田県議自身も上告に賛成した当事者である。

私は遺族の小野寺さんご夫妻とともに、上告を断念するように教育委員会に申し入れしたときから、小野寺さんと親しくお付き合いしているが、小野寺さんは、田中知事にはむしろ感謝しているのだ。面子《めんつ》を気にして、決してあやまらないどころか、直接あいさつにも来ない当時の関係者に比べ、自分の力が足りなかったと非力を詫びた田中知事に、「初めて人間の言葉を聞いた」と、むしろ感謝さえしている。

小野寺さんが、今も「許せない」と、苦しかった思いの対象としているのは、上告を決めて解決を遅らせた人たちであり、その中には柳田県議も入っている。質問をするにあたって、一言、遺族に連絡をとれば、遺族の気持ちとまったくかけ離れた、こんなひどい質問はできないはずだ。

あまりにも無神経な、自分の責任を他者の責任にすりかえる変わり身には、ただただあきれ果てるばかり。

## 知事の問責決議に反対〈3月18日〉

知事の不信任案を出そうと、あれこれ手を打ってきた県議会の県政会などは、結局、決定打をきめることができず、「県政の停滞に関する知事問責決議」を出した。

しかしその内容は、県の財政の危機的な現状についての認識や田中県政の福祉施策の前進についての不正確な受けとめ方など、到底、賛成することはできないもので、私たち日本共産党県議団は反対し、私が反対討論を行った。

もともと田中県政は、前の吉村県政の負の遺産である全国ワースト2の借金財政を抱えてスタートしている。その借金の最大の原因は大型公共事業への過度の集中投資にあり、今回、問責決議を出した人たち（県会議員）こそ、一緒になって借金を作り、増やし続けてきた人たちなのだから、問責されなければならないのはどちら？　とお聞きしたい気分。

検討委員会ばかり作って何も進まず、県政を停滞させているという主張もまったく納得できない。なぜならば、そう言っている人たちこそ、田中知事を「トップダウンだ」「独断専行だ」「横暴だ」と非難しているのである。矛盾に満ちている。

今まで県民が、いったん行政が決めたことにクレームをつけたり、見直しを迫っても、それはほとんど無視されてきた。知事が代わり、初めて、賛否両論の住民や市町村長、専門家が同じテーブルで話し合うという、貴重な民主主義の体験を今、私たちは長野県でしている。

## 浅川ダムの公聴会開く 〈3月21日〉

私が部会長をつとめている「長野県治水・利水ダム等検討委員会」の浅川部会が、「ダムを含めた治水対策案」と「ダムによらない治水対策案」の二つについて住民の意見を聞く公聴会を開いた。約四〇〇名が参加し、公募と当日受付を合わせて五三名（ダム反対が二八名、ダム賛成が二五名で、ほぼ賛否両論）の方に公述（意見発表）をしていただいた。

実は、浅川部会では、浅川流域に、一〇〇年に一度の大雨が降った場合、どれだけの水が出るかという基本高水《きほんたかみず》（洪水を防ぐための治水計画で、基準点の地点に計画規模の降雨が河川に流れ出た場合の流量がどれくらいかを表す）の問題が議論になっている。ダムが必要か、必要ないかを考える上で、最も基本になる数字が、この基本高水になるわけだが、意見が大きく分かれている。

ダムができれば、最下流の千曲川との合流点で、千曲川の増水と、いったんダムにためられて、遅れて流れていった浅川の水が一緒になって、千曲川に流れ込むことができない浅川の水が内水災害（二二ページ〈注3〉参照）を大きくして、かえって被害を大きくするという問題点も指摘されている。ダムサイトを横切る活断層も新たに確認された。

ダム建設への賛否両論がある中で、公聴会を開いてみて改めてわかったことは、下流の、ダムに賛成している人ほど、限られた情報しか知らないということだ。だから平気で、「一〇〇パーセント安全なダムを造ってください」とか、「安全性の問題は県や市を信じています」「専門家にお任せします」などと言う。

かつて、県の企業局を信じて、湯谷《ゆや》団地に土地を買って家を建てた人たちが、地附山《ちづき》地すべり災害（二二ページ〈注1〉参照）に遭った。二六人のお年寄りが亡くなった。そして、県は裁判に負けた。その地附山と同じ危ない地質のところにダムをつくる――個人は池を造るのも許可されない危ないところに、また浅川部会の調査では新たにダムサイト予定地を横切る活断層が発見されたというのに、どうして、「一〇〇パーセント安全なダムを造る」ことができるだろうか。

ダムに反対の意見を述べた人のうち八人が女性だったが、ダムに賛成の意見を述べた人の中には女性は一人もいなかった。地権者会の会長とか、区長とか、期成同盟会（関係流域の区長などが自動的に組織される「浅川改修期成同盟会」など、行政機構の補完組織）の会長、議員という「お役目」の人が多かったせいもある。さらに、ダム賛成の人は、意見を述べた後、帰ってしまう人が多かったのも特徴的だった。

みっちり五時間にわたった浅川部会公聴会は、公募で四八人、当日の申込者も含めて、基本的には、公述を希望した賛否両論のすべての人が意見を述べることができた。長野県の歴史には今までなかった出来事だろう。

賛否両論の意見は、残念ながらすれ違っているままだが、一歩一歩、合意に向けて進んでゆく民主主義を作り上げていきたいものだ。

## 県議会終わる 〈3月22日〉

一カ月にわたって開かれた定例県議会が今日で閉会した。田中知事への不信任案提出の動きで始まり、県政会の分裂、新会派の結成で終わった議会だったが、私はともかくも、三〇人学級やタイムケアの利用時間の倍増、児童相談所の通年保護など、長年の願いが新年度の予算で実ったことを喜びたい。

私の新しい委員会所属は、再び土木住宅委員会になった。ダム問題が山場を迎える年になることが予想されるだけに、長野県政が「脱ダム宣言」の精神を現実のものにできるかどうかがかかっている。私個人の希望としては、福祉や医療問題を扱う社会衛生委員会に所属したかったけれど、公共事業の見直しがすすみ、透明性が高まる中で、莫大な無駄づかいをなくすことができれば、福祉の充実に振り向けることも可能になるのだから、「がんばるしかない」というところ。

## いよいよ大詰めの浅川部会〈3月23日〉

公聴会を受けて開かれた今日の第一二回浅川部会は、最初に公聴会の感想を出しながら始まった。

河川工学の大熊孝委員（新潟大学教授）からは、今まで過大になりがちだった基本高水《きほんたかみず》（五四ページ参照）の設定を、もっと現実的なものに近づけるための科学的な解明があった。

地質学の松島信幸委員（伊那谷《いなだに》自然友の会会員）からは、公聴会の意見を聞いていて、部会の到達点や議論が正しく伝わっておらず、説明責任を感じたこと、「ダムサイト予定地に新たに活断層が確認された」ことの経過説明があった。

また、森林学の藤原信委員（宇都宮大学名誉教授）からは、建設省（当時）直轄の、「地すべり地帯だけれど大丈夫」と国が造った下久保《しもくぼ》ダムが、三〇年たった今、大丈夫ではなくなり、大がか

浅川部会で部会長を務める（正面奥が著者）

りな地すべり対策工事を行っているという事実が報告された。そして、藤原委員は「これだけの危険性が指摘されているところには、たとえ技術的に可能であっても、造るべきではない。両論併記の結論でなく、造るべきではないという意見一つにしぼるべきだ」と発言した。

この発言に続いて、ダム建設に反対の委員から、次々に「両論併記はおかしい、一本にしぼるべきだ」という意見が相次いだ。ダム建設賛成の委員から、これに対して明確な反論はなかったが、賛成の委員の何人かが早退したこともあり、議論は次回に持ち越した。この中で、ダム推進の立場をとってきたT県議は、「私だって、ダムにこだわっているわけじゃないんです」と発言した。そう発言せざるを得ない状況になったからだ。終わったあと、マスコミの記者からは「こういうことは珍しい。反対の皆さんはよほど自信と確信があるんですね」という声も聞いた。

部会の議論の中で、ダム建設賛成の委員の人たちは口々に、「反対の皆さんはよく勉強している。われわれは忙しくて勉強している暇もない。専門的なことは学者にまかせればいい。われわれには経験からくる実感がある」と発言した。

確かに経験からくる実感は大事なことだ。しかし、それが狭い範囲の思い込みにならないためには、そして真実を知るためには、私たちは勉強しなければならない。とりわけ、人の命と安全がかかっている問題だからこそ、どんなに忙しくても、私たちは必死に勉強しなければならないのではないだろうか。「おまかせすればよい」としてきたことが、多くの悲劇を生んだことも忘れてはならない。

いよいよ浅川部会も、あと三一日の最終部会を残すのみとなり、大詰めを迎えた。たとえ両論併記に終わっても、部会の議論が無駄ではなかったと言えるように、そして、賛否両論の住民の中にしこりが残らないように取りまとめたいものだ。

## 浅川部会終わる――いっぱい宿題を残して！〈3月31日〉

昨年一一月二三日の第一回部会から四カ月余にわたった浅川部会が、今日の第一三回で幕を閉じた。

と書くと、すんなり終わったみたいに思われるが、決してそうではない。部会の議論を通じて、改めて、ダム建設を必要とする根拠になっている、一〇〇年に一度と予想される洪水の量である基本高水《きほんたかみず》が、かなり過大であること、ダム建設予定地の地質が、予想以上に危険であり、新たに部会の追加調査で第四紀断層（活断層）があることがわかったこと、ダムを造ることによって、かえって下流の内水災害が、ダムを造らない場合より大変になる可能性が大きいこと等々、たくさんの事実が明らかになった。

にもかかわらず、ダム建設に賛成の人たちは、ガンとして意見を変えない。

地すべり地帯にダムを造って、いざというときに、誰が責任を取れるの？　今より、下流の被害がひどくなるダムをなぜ造るの？　一〇〇年に一度の大雨が降っても、そんなにたくさんの水は出ないのでは？

これ以上ダムにこだわるのは納得できないと、部会の委員からは意見が分かれたままで、最終報告をまとめることに反対する意見が出た。もっともなことだ。しかし、部会長の私としては、どんなに理屈に合わないと思っても、たとえ一人でも意見の一致しない人がいれば、その意見を盛り込んだ、ここまでの議論の到達点を報告としてまとめるしかない。

なぜかといえば、県議会の日本共産党以外の会派が、田中知事に繰り返し、三月中に結論を出させるように迫り、知事は議会にそれを約束させられ、この浅川部会に「三月末をめどに一定の結論を出してほしい」と要請せざるを得なくなり、部会長の私としてはそれを無視するわけにはいかないからだ。

「住民参加で治水対策を話し合うことに意義がある」という理由で、「長野県治水・利水ダム等検討委員会条例」を作って部会を設置させた県議会の議員たちが、結局、自由な話し合いの時間を保障せず、とにかく結論を早く！　と、脅しをかけるに等しいやり方で事実上の圧力をかけたことになる。

部会の議論が納得のいくものになるまで、もう少し話し合いを続けるべきだという意見に対して、結局、挙手による多数決で決めざるを得ない結果となり、とりあえず部会は、今日で最終となったが、私としては後味が悪い。

時間的な制約から、結局たくさんの宿題を残したまま、検討委員会への報告をあげることになっただけに、流域住民の願いを届けるための私の責任はますます重くなった。

## 千曲川上流ダム計画とたたかい続けた村へ 〈4月15日〉

田中知事が「脱ダム宣言」をするよりずっと以前から、村ぐるみで、旧建設省の千曲《ちくま》川上流ダム計画とたたかい続け、事実上の白紙撤回を勝ちとった村、南牧《みなみまき》村へ行き、村長さんをはじめ、関係者とお会いしてお話を聞くことができた。

千曲川上流ダム計画は、南牧村海ノ口に計画された治水と水道・農業用水、発電などの多目的ダムで、ダム堤七〇～八〇メートル、治水容量五〇〇〇万立方メートル、総工費一〇〇〇億円の重力式コンクリートダムの計画で、一五〇戸～二〇〇戸、耕地一〇〇ヘクタール、山林一三四ヘクタールが水没するというものである。

二〇〇二年二月二七日、千曲川上流ダム建設反対対策委員会会長の中島美人南牧村村長をはじめとする代表一六名と、川上村ダム建設反対期成同盟会の代表一六名を前に、国土交通省の竹村公太郎河川局長は、「千曲川上流ダム計画については白紙です」と答え、参加者からはいっせいに拍手が沸き起こった。拍手はしばらく鳴り止まず、一九八一（昭和五六）年以来の、長く苦しかったダム反対のたたかいの終わりを象徴する光景だった。

私は昨年、南牧村の菊池幸彦議員（日本共産党）から、千曲川上流ダム計画の撤回を国に求めていくたたかいに、ぜひとも田中知事の支援を要請したいが、なかなか村の代表と知事の会う日程が取れないと相談を受け、間をとりもったこともあり、今回の「白紙」にいたった過程をぜひ一度お聞きしたいものだと思っていたが、それがようやく実現した。

村ぐるみでがんばってきた、決して単純ではない教訓に満ちた闘いを支えたのは、なんといっても繰り返し行ってきた先進地視察と学習だった。その中でも、女性たちが主体となって、運動を風化させないように二一年間にわたって毎年毎年「千曲川上流ダム建設反対一〇円募金運動」を、全戸署名運動と組み合わせて取り組んできたという話は圧巻だった。

連合婦人会、健康推進委員会、ＪＡ女性部、食生活改善推進協議会、愛育班、商工会婦人部などという、失礼ながら一般的には自主的な運動とは無縁に見える官製の団体が連帯して、ダム反対の意思確認をしながら活動資金も作るという、草の根のユニークな取り組みだ。

千曲川上流ダム計画が白紙になった背景には、このような住民自治の粘り強い取り組みがあったのだということを知ったのが、今回の訪問の最大の収穫だったような気がする。

## 三〇人学級始まる　〈4月24日〉

新年度から始まった三〇人学級の一つの現場である長野市徳間小学校へ、原田誠之長野市会議員、堀内あきら県会議員とともにお邪魔した。この学校の新一年生は一一九名。今までなら三クラスであったところ、今回の新しい制度で四クラスになった。三〇人のクラスが三クラス、二九人のクラスが一クラスである。

いよいよ始まった三〇人学級！　実際の教室を見せていただいたが、ここにもう一〇人多く机とイスが並ぶはずだったのに、そうしないですんだんだと思うと、喜びが湧いてきた。実際の効果のほどはこれからだけれど、早く全学年で実施できるように、引き続き県にも、国にも働きかけていかなくては。

## 責任は誰に…　〈4月25日〉

今日は、新年度初の議会の土木住宅委員会だった。この委員会で、県政会の議員が下諏訪ダムのことを例にあげ、ダムなしの河川改修案が国の認可が得られず、県単独で実施され、その後災害で被害が生じた場合、責任は誰にあるのか、という質問をした。

結局、ダムによらない河川改修の案では、国の認可は得られず、被害が出たときの責任は知事にある、ということが言いたいらしいのだけれど、知事は河川管理者としての責任があるのだから、ダムを造ったとしても、その他の方法を採用したとしても、その責任に変わりはない。つまり、どんな場合でも、責任は知事にあるのだ。その責任は県民に対して、どんなときにも負わなければならないのは当然のことだ。今までだってそうだったはずだけれど、いったい、どれだけその責任は果たされてきたのか疑問だ。裾花《すそばな》ダムの放流によって九死に一生を得た西千代子さんは、県を相手取って裁判を起こしている（注3）。危うく、ダムに殺されるところだったのに、いまだに県が責任を認めないからである。

何かが起これば、天災だ、予想することはできなかった、と責任を負ってこなかったのが今までの知事であり、県の行政姿勢だったのではないだろうか。そんな無責任な行政、県政と別れを告げるためにこそ、今、長野県の治水・利水のあるべき姿が検討されているのだと思う。

# 何のための「検討委員会」？　〈5月2日〉

第一〇回長野県治水・利水ダム等検討委員会が開かれた。長野県内の九流域に計画されているダム計画について検討する、この検討委員会の当面の仕事は、すでに部会が終了した浅川ダムと下諏訪ダムについて、検討委員会としての結論を出し、知事に報告することだ。

浅川も砥川《とがわ》（下諏訪ダム建設予定）も、部会の議論の中では、現在のダム計画の根拠となっている基本高水《きほんたかみず》（五四ページ参照）は過大であり、実績降雨（大きな洪水被害があった時に実際に降った雨量の実績）などを基準に見直すべきだという主張が、ダムに反対する意見の一つの根拠になってきた。

今日の検討委員会では、県土木部などが、この意見に対し、現在のダム計画の基本高水は過大ではないと正面から反論してきた。

また、私以外の県会議員たちは、基本高水を見直した河川改修計画は、国の認可を得られないのではないか、国からの補助金がもらえないのではないか、そうなれば県単独事業となって、苦しい県財政をますます圧迫する、と主張した。また、国の認可が得られない河川改修で、被害が

検討対象九流域位置図

出たときの責任は誰にあるのか、と先日の土木委員会での主張をまた持ち出してきた。

すると、検討委員の一人である泰阜《やすおか》村の松島貞治村長が、「現在の国の認可が得られるかどうかというような、従来の枠の中の議論をするだけなら、この検討委員会は要らないのではないか。この検討委員会が何のために作られたのかを考えて、われわれは議論するべきではないか。私は村長として、国からも県からも補助金がもらえない仕事を、村のために必要だから、村単独でたくさんやってきた」と発言し、思わず拍手が起こった。私も「そうだ！」と感動した。

国の制度の枠の中で、それに当てはまらないからだめ、と割り振りするだけなら、確かに「検討委員会」は要らない。県民の安全のために、最も納得できる治水対策を考えるために知恵を集めることこそが、検討委員会の最も大切な仕事だということを、私たちは忘れてはいけない。

## 浅川ダムのゆくえは？〈5月9日〉

今日は治水・利水ダム等検討委員会。県会議員で検討委員になっている私以外の三人の県会議員が、互いに県土木部や国土交通省へ質問書を出し、土木部はわざわざ国土交通省に出向いてその回答を受けてきて、今日の検討委員会でそれが読み上げられた。

内容は、「基本高水ワーキンググループ」（注4）の報告を完全に否定するもので、基本高水を変更し、国の基準に合わない河川改修をして、被害が出た場合、知事は国賠法に基づく賠償責任を負うという脅迫じみたものだった。

そもそも、国土交通省自身が全国各地でダム建設を止めているのに、いったん決めた計画を変更することは許さないと言わんばかりの態度はまったく理解できない。浅川が合流する千曲川の上流ダムを白紙にしたのは国土交通省自身である。基本高水毎秒八五〇立方メートルの水量を調節するダムを造らないのに、住民には、その毎秒八五〇立方メートルの予想される洪水をどうするのかの説明はいまだになされていない。まだまだ変わらない、矛盾だらけの公共事業だ。

## えのきだけが一〇円、トンネルが三四億円〈5月10日〉

中野市の市会議員の阿部明子さんの地元で、「県政・市政対話集会」が開かれた。地元の区長さんも参加してくださり、いろいろな話が出たが、とにかく景気が悪い、何とかならないかという話の中で、なんと中野市特産の「えのきだけ」が一袋一〇円にしかならないと聞いて、本当にびっくり。

確かにスーパーでは、最近、以前の倍ほど入っているものを、一袋五八円とか、時には特売で二袋一〇〇円などで売っていて、買う側の私とすれば、安いし、好きなので、喜んでいつも買っているけれど、それにしても一〇円では、苦労して作っている農家にしてみれば泣きたい思いに違いない。

その席で、農業予算で三四億円もかけて造った蟹沢《かにさわ》トンネルのことが問題になった。トンネルの周囲の環境整備にまたしても五〇億円をかけるのだ。このことは、今年の二月議会で日本共産党の藤沢のり子議員が質問し、知事が見直しを約束しているが、限られた農業予算が大型の公共事業にほとんど使われてしまうのでは、農家は浮かばれない。せめてヨーロッパ並みに、農産物の価格保障を農業予算の重点にしていかなければ。

## 接待が恋しい役人たち 〈5月15日〉

長野県下の保健所で、最近、指導・監督の対象となっている業者の検査に出向いた折に、保健所の職員が業者から接待を受けるということが常習化していたことが問題になり、今、県として改善のための新しい倫理基準作りをはじめている。

そんな折も折、今日開かれた長野地区行政懇談会（長野地方事務所管内の地方事務所長をはじめとする県の幹部職員と地元県会議員の懇談会）の席上で、県政会の県会議員から、「食事もしてはいけないというような、きびしいことばかり言っていると、人間関係がぎすぎすしてしまう。むしろ、自信を持って、もっと食事ぐらい大手を振って一緒にするくらいにしないと、職員の士気にかかわる」などという意見が出され、驚くべきことに、保健所長は「実は私もまったく同感なんです。われわれの側から、あまりそう言うわけにもいかないので、県会議員の先生方のほうから、ぜひ、声を大きく言っていただきたい」などと答えた。

さすがに、司会をしていた地方事務所の副所長が、「指導・監督にあたる業者から、検査に行ったときに接待を受けるというのは、単に一緒に食事をするということとは違うので、やはり、改めていかないとまずいんです。今、新しい基準を検討していますので……」と説明しなおした。

こんな調子だから、まだまだ県政改革の道のりは遠い。私は、全国的に「官官接待」が大きな問題になったときに、それまで「公務員」に対して持っていた「まじめ。悪いことや冒険ができない。固い」というイメージが、ガラガラと崩れていくのを感じたが、今の外務省の不祥事といい、税金の無駄遣い体質が改まるのには、そして、公務員の倫理が確立するのには、かなりの決意で臨まなければならないと、改めて痛感した。

## 非常識な国土交通省　〈5月17日〉

今日は治水・利水ダム等検討委員会。浅川・砥川《とがわ》の両部会が終わって、それぞれの取りまとめ報告づくりのために、いま大詰めの議論がまさに正念場を迎えている。

ところが、あいた口がふさがらないというか、あきれ果ててものも言えないというか、国土交通省の非常識な態度を改めて見せつけられた思いだ。

前回の検討委員会で、ダム推進派のT県議らが国土交通省に対して、「長野県のようなダムの見

長野県治水・利水ダム等検討委員会（正面右から２人目が著者）

直しをして、国の認可や補助金の対象になるのか」「国の基準と違う河川改修をして災害が起こったら誰の責任か」などというような質問書を出し、その回答が報告された。その回答は、簡単に言えば「見直しは認められない」「勝手な改修をすれば、国家賠償法上の損害賠償の責任は知事にある」というものだった。

　国土交通省自身がすでにいくつかのダムを次々と止めているのに、あまりにも勝手なその一方的な回答に対して、私を含めた三人の委員が、改めて国土交通省に質問書を出した。

　①つい最近、国土交通省自身が白紙にした千曲川上流ダム（基本高水毎秒八五〇立方メートル）の中止後の全体の河川整備計画

はどうするのか（だって、浅川はその千曲川との合流点で、千曲川の河床が高いために流れ込めずに苦労しているのに……）。

②国の基準どおりの河川整備でも河川改修のやり方やダムの操作などが原因で被害が出た場合は、行政責任があるのではないか。その場合、基準を見直すべきではないか。

以上、二項目の質問だった。

ところがこれに対し、国土交通省は、前回の事細かな回答書とはうってかわって、三下り半に近い回答書をよこし、事実上私たちの質問に答えなかった。何という非常識。そして、こんな非常識な回答を、のこのこ出かけていって文句も言わずにもらってきた長野県土木部というのも、いったい何なのだろう。少なくとも、県民の立場に立っているとは言えない。

河川整備の基準についてや災害が起こったときの責任の問題など重要な問題での質問に答えようともしない国土交通省が、どうして基準や責任のことで偉そうに県に指導したりできるのだろうか。ダムの問題に限らず、公共事業の見直しにからむ、解決しなければならない奥深い泥沼の一角を見た思いがする。

## 巨大地すべりの現地調査〈5月21日〉

湯田中《ゆだなか》温泉や志賀高原《しがこうげん》で有名な山ノ内町の横湯《よこゆ》川上流で進行中の巨大地すべりの現地調査をした。予想される地すべりの規模（総量）は四四〇〇万立方メートル。あの地すべり地帯に計画されている浅川ダムに一〇〇年間でたまると予想されている土砂が四〇万立方メートルだから、いかに巨大な地すべりかがわかる。今でも一年間に三メートルもすべっていて、今までに水抜きの集水井戸が二三本も造られている。せっかく造った集水井戸さえも、地すべりで周囲の地盤がずれたり、陥没したり、地すべり地の中の道路は次々に四メートルも陥没したり、上からすべってきた土砂に押されて大きく位置が変わってしまったり、すざまじい状況でびっくり。

全体像がわかる調査は、その範囲があまりに広大であるためと莫大な経費がかかるため出来ていない。今やっていることは、本当に一部分の、実態がわかっているところの水抜きをはじめとする地すべり対策だが、まだ手のついていない広大な部分が大きくすべって横湯川をせき止めたり、下流の中野市あたりまで土砂を押し出して大きな被害をもたらす恐れは十分ある。

横湯川が合流する角間川には角間ダムが計画されている。ダムを造っても、上流の巨大地すべりがすべり出せば、何の効果もなくなる。住民の安全にとって急がなければならないのは、ダムよりも巨大地すべりの緊急対策ではないだろうか。

## 県議の「海外視察」は「不当支出」〈6月5日〉

県監査委員が昨日、県会議員の海外視察に、また「不当支出」の判断を示した。今回「不当支出」と指摘された、一部の県会議員たちが自分たちで作った任意団体「長野さくらの会」が主催した二〇〇〇年四月の「全米桜まつり親善交流視察」は、公費で参加した六人の県議（吉田博美〈現参議院議員〉、井出公陽、服部宏昭、萩原清、下村恭、金子ゆかりの諸氏）、自費で参加した三人の県議のほかは、県議の家族や後援会関係者で総勢二六名によるもの。（四八ページ参照、編集部注＝長野県議会チェックフォーラムのホームページhttp://www.giin-fushigihakken.net/を参照）

一行はワシントンで開かれた全米桜まつり協会主催のパレードやパーティーに参加。ほかの日はショッピングモールやファッションショー見学、ホワイトハウスツアー、ランチクルーズなどの日程をこなしていたという。

どう考えても観光に過ぎないこの旅行に、「公務性」を認めることはできないが、監査委員の説明では「三割くらいは合理的な説明がつかず、まずいのではないかと判断した」ということで、県が支出した旅行費用のうち三割にあたる五一万円余について返還が求められている。

以前なら、県民からこのような問題で監査請求があっても、「不当」と監査委員が認めることそのものがまったくなかった。その意味では、前回の吉田博美元県議会議長（現参議院議員）の海外視察に対して一部返還請求したことに続いて（四八ページ参照）、今回の監査委員の判断は評価できる。

しかし、「三割」という判断の規準・根拠がわからない。さらに、桜まつり以外の他の県会議員たちの海外視察については全部「妥当」というのだから、まったく納得できない。「妥当」とした判断の基準として、「公務の合間をぬって」「観光、文化、歴史に触れることは、総合的な理解を深めることにもつながり、過度だったり、目的を逸脱しない限り妥当であると認められる」というのだから、全然わかっていない。この理屈を当てはめて、小林忠司元県議会副議長がスペインなどで遺跡や美術館めぐりを公費で行ったことなど何のおとがめもなし。総合的な理解を深めるとか言って名所旧跡を回るのを、県民の税金を使って県会議員がやっていいなんて、まったく勝手な理屈に過ぎないと思う。単に見聞を広めるためだったら、県民の税金でなく、自分のお金でやってよね、と言いたい。

## 浅川ダム・下諏訪ダムは「ダムなし案」で！〈6月7日〉

本日開かれた長野県治水・利水ダム等検討委員会は、浅川・砥川《とがわ》の治水・利水対策として「ダムなし案」を答申した。危険な地すべり地帯への浅川ダムの建設に疑問を持ち、同じように疑問をもつ多くの人たちと反対運動に取り組んできて、住民運動の力でダム本体の建設を四回遅らせ、ついにここまできた。

今日の検討委員会も、ダム推進派の委員との激しいバトルとなったが、T県議が、答申（案）の冒頭にある「……脱ダム宣言は多くの人の共感を呼んだ」というくだりを、「根拠がない」と削ることを要求したのにはさすがに唖然としてしまった。

脱ダム宣言（二二ページ〈注5〉参照）が出て、改めて森林の役割や、都市化が進む流域の流出抑制の問題、河川と人間のかかわりなど、今まで見えなかったものが見え、気づかなかったたくさんのものの大切さに気がつき、「宣言」に共感している人が多いのは事実だ。T県議自身がこれまで「宣言の理念はわかるが、やり方が悪い」としばしば言っていたはずだ。脱ダム宣言が出た当時のマスコミの世論調査などによっても、それは確認できるはず。

それにしても、長い間の県民の思いが届いた答申をようやく出すことができた。しかし、これを現実のものにしていくためには、まだまだひと山もふた山も越えなければならない。

## 地すべりとダム 〈6月13日〉

群馬県鬼石《おにし》町にある下久保《しもくぼ》ダムと譲原《ゆずりはら》地すべりの視察に行ってきた。

明治以来の地すべり地に、「地すべりはもう止まった」と造られたという下久保ダムは、ダムサイト左岸が地すべりの脆《もろ》い地盤。ダム底まで行く一般の人は乗れない管理用エレベーターに特別に乗せてもらって、ダム管理事務所の所長さんから説明を聞くと、ダム本体の地下の探査を日常的に行っており、探査の結果弱いと判明した場所へはコンクリートミルク（コンクリートをミルク状に溶かしてドロドロにしたもの）を注入し、もう、何万立方メートル分注入したかわからないとのこと。それらの費用を含めた一年間の管理費は約一〇億円というから驚く。

ダムの堆砂は計画の二倍のテンポで進んでいて、最近、約八キロ上流に貯砂《ちょさ》ダムを造った。

また、ダム建設（一九六八年完成）以前には、県の事業として、ダムより下流で地すべり対策をやっていたが、一九九五年からは上流の下久保地区まで含めた大がかりな地すべり対策事業を国土交通省直轄で三八〇億円の事業費で取り組んでいるという。

現地の地すべり資料館で上映されていた地すべりのビデオは、長野の地附山《ぢづきやま》地すべりの映像で始まったが、そのほかにも大滝村の西部地震や鬼無里《きなさ》村の地すべりなど、長野県の映像が次々に出てきた。あれれ？　長野県のほうが地すべりの本場じゃないの！

先日、調査に行った山ノ内町の地すべり（七四ページ参照）は、予算が少なくて全容解明さえできないという説明だった。「日本一」の地すべりだと言われているのに、なぜ、どうして、国土交通省の直轄にならないのだろう？

そして、地すべり地に囲まれたところに造ろうという浅川ダムが、もし建設されたとすれば、コンクリートミルクは、果たしてどれくらいつぎ込めばいいのだろうか。ダムサイトに活断層が発見された浅川ダムの場合、その程度のことで済むのだろうか？　と疑問はますます湧いてくる。

地すべり資料館で上映されていたビデオに登場するアニメ風の「博士」は語っていた。

「地すべりというものは、対策工事が全部終わっても、二四時間ずっと監視を続けていかなければならないんじゃよ。少しずつ動き続けるものなんじゃ。だから、ずーっとお付き合いしていくものなんじゃ」

そんなところにダムを造るのは極力避けるべきだという思いを強めた。

## 乳幼児・障害者の医療費を窓口で無料に！〈6月16日〉

今日は県社会福祉総合センターで開かれた「乳幼児・障害者の医療費の窓口無料化どうしても！県民集会」に、丸山茂県会議員とともに参加した。

もともと乳幼児・障害者の医療費の窓口無料化は、田中知事の選挙の公約だ。長年の運動の積み重ねの上に、公約の実現を議会でも質問し、当初は今年（二〇〇二年）の四月からの実施がほぼ確定的になっていた。

ところが、有賀正・松本市長を先頭にして長野県市町村長会が、「市町村に相談もなしに実施するのは認められない」と知事に申し入れして、事実上の圧力をかけたことから、事態はおかしな方向にすすみ始めた。相談もなしにといっても、その時点で市町村には、実施の希望がすでに県から打診されていて、一〇一市町村が実施を希望していた。有賀市長の松本市でも、実施されれば事務手続きが簡素になり、担当職員を一人減らすことができる、と喜ばれていた。

それなのに「市町村を無視している」と言われてしまった田中知事は、市町村長主導の検討委員会を作らざるを得なくなり、なんとこの委員会には子どもの保護者の代表は一人も入らなかった。こんな委員会だから、今まで、窓口無料化を願って運動を続けてきたお母さんや障害者の代表を呼んで意見を聞いたものの、その意見はほとんど生かされず、中間まとめで、「自動給付方式」なるものを持ち出して「長野モデル」などと言い始めている。

自動給付方式というのは、医療費をいったんお医者さんの窓口で払ったあと、今は申請用紙を各自が出しているものを、医療機関が代行して市町村に出すから、手続きが少し簡単になるというだけで、「いったん払え」という見せしめ的なやり方が変わるわけではなく、「長野モデル」などと呼べるものではない。

今日の集会では、お医者さん、ケースワーカー、難病者の団体、お母さん、医療機関の人など、さまざまな人が実態にもとづいて次々に発言し、時間が足りないくらいだった。

毎週のように病院に運び込まれるホームレスの人も、病院を住所として生活保護で医療費は出ること、ましてや税金も保険料もきちんと払っている県民の子どもたち（子ども自身には収入はない）や障害者が行政から医療費を保障されるのは、権利として当然のことだ、というケースワーカーさんの話が印象的だった。

## 明日から六月県議会〈6月19日〉

いよいよ、明日から六月定例県議会。六月七日に治水・利水ダム等検討委員会の「ダムなし答申」（七七ページ参照）が出たあとだけに、答申を受けての知事の判断（注5）をめぐって、ひと悶着ありそうな議会である。あわせて、二月県議会以来、公然と県会議員たちの日常会話で語られるようになっている「知事不信任案」をめぐって、他会派の駆け引きも繰り広げられている。

わが日本共産党県議団としては、もともと、「今までどおりにならないから、気に入らない」というたぐいの、党利党略そのものの不信任に賛成はできないし、そんなことに振り回されないで、県民要求の実現のためにがんばろうと意思統一していたが、昨日の県議団会議で、改めて「県民が直接選挙で選んだ知事を任期半ばで、社会的に重大な犯罪にかかわったわけでもないのに不信任にするのは反対である」という態度を表明していこうと決めた。

それにもとづいて、明日の開会日に、各会派に申し入れをして、記者会見もしようということになり、各会派に連絡したところ、さっそく最大会派の県政会から、「まだ不信任案を出すと決めたわけではないので、申し入れはお受けできない」と返事が返ってきた。連絡しただけで、不信任案提出のトーンが落ちたのだから、意外と意気地がない。「歴史に残る、かつて経験したことのない議会にする」などと、ダム中止にからめて勇ましく不信任案提出をアピールして発言しているが、本当にそんな決断と行動が、彼らにできるのだろうか。なかなか楽しみな議会になりそうだ。

## 六月県議会始まる　〈6月20日〉

いよいよ今日から六月県議会。開会前に、予定どおり、知事不信任案には反対の私たちの態度表明をかねて、各会派への申し入れに回った。各会派の反応は――

県政会（三一名、太田道信幹事長）＝不信任なんて話題にもなっていないし、考えてもいない。申し入れについては検討する。

政信会（九名、望月雄内会長）＝申し入れについては検討する。こちらから申し入れに行くことになるかもしれない。その時はよろしく。

県民クラブ（八名、大和代八会長）＝申し入れの内容に賛成。おれが書いたような文章で、この通りだ。熱病のように不信任、不信任と言って、困ったものだ。

社会県民連合（七名、浜万亀彦団長）＝有事法制の意見書はあげたい。不信任のことは知事の資質の問題もあるから……（と、言葉を濁す）。

という具合で各派さまざまな反応だが、本心はわからない。しかも、最大会派の県政会のお粗末さには、ほとほと失望してしまう、というよりは哀れにさえなってきた。というのは、昨日、「まだ不信任案を出すと決まったわけではないので会えない」と断ってきたのだが、「申し入れの中身は不信任のことだけではないので」と、行くことを告げてあった。そして今日、改めて、訪問する前に電話すると、「下崎団長は、今日は忙しくて一分も時間があかないので会えない」と、またまたお断り。私は、県会議員になって一一年、今までさまざまな申し入れを各会派に行ってきたけれど、「会えない」なんて、断られたのは今度が初めて。勇ましく「不信任、不信任」なんて言っているけれど、ホントは自信がないんだな、と哀れになってきた次第。

仕方がないから、「団長がだめなら誰でもいいでしょう」と、県政会の控え室に行ってみると、忙しくて一分も時間があかないはずの下崎団長は、すぐ私の目の前で、太田幹事長と雑談中。私の姿を見て、「まずい」という雰囲気で、太田幹事長に申し入れを受けるように命じたというわけ。私も、「武士の情け」で、気がつかない振りをして太田幹事長に申し入れをしてきたが、天下の県政会が、わが共産党県議団の申し入れもまともに受けられないとは、なんというお粗末。

下崎団長は、議会終了後の記者会見で「最大政策集団として、粛々と進める」なんて言っていたけれど、それにしては、なんとも「小物ぶり」をさらしてしまった。これでは、「最大政策集団」の名はむなしく響くばかり。

知事の提案説明は、よい意味で、きわめて常識的な当然のことと私は受けとめた。治水・利水ダム等検討委員会の、浅川・砥川《とがわ》の「ダムなし答申」を尊重しながら、解決するべきいくつかの課題の見通しをつけた後、公共事業評価監視員会の検証を経て結論を出していきたいというもの。

他会派の議員たちは、「無責任だ」「この議会で結論を示すべきだ」「代替案が示されていない」などと、ずいぶんお怒りのようだけれど、二〇年来「ダムありき」で進んできた計画を切り替えるのだから、必要最小限の時間は保障するのが当然ではないだろうか。

## 住民は「ダムはいらない」〈6月21日〉

夕方のSBCテレビ（信越放送）で、浅川・砥川の流域一〇〇メートル以内に住んでいる住民五三一人にSBCが面接方式で行ったアンケート調査の結果が紹介されていた。

それによれば、浅川では「ダムなし」を望む住民が六一％なのに対して、「ダム」を望む住民は三二％と約半分。住民の思いは明確に「ダムはいらない」と意思表示している。

ところが、県議会の日本共産党以外の四会派は、今日、浅川・砥川の関係市町村長のところへ意見を聞きに出向いている。そしてご丁寧に四会派の団長会議を開き、二四日に全員協議会を開いて、そこに関係市町村長と議会議長を呼んで、意見を聞くとのこと。

もちろん、私たちはそんなところに出席はしない。なぜならば、四会派で決めて、議長が召集する全員協議会について、議会運営委員会も開かず、結論だけを押しつけてくる横暴さは認められないから。あわせて、関係市町村長は、約六カ月にわたる浅川・砥川の両部会の正式委員として充分に意見を述べてきたし、検討委員会の答申が出てからも知事に陳情しているし、今日も意見を聞きにいっているのだから、もう十分すぎるほど意見は聞いている。

じっさい、今日のSBCのアンケート調査でも、「いままでの河川行政に住民の意見は反映されていなかった」と答えた人が五五・八％で、逆に「反映されていた」と答えた人の一二・二％を大きく上まわっている。もう、住民が望まないダムを、市町村長や県会議員が押しつけるのはやめて！　と言いたい。

## 住民の願い、受けとめて　〈6月23日〉

昨日と今日の二日間、私の住んでいる地元である長野市の朝陽地区とお隣の柳原地区を一五カ所、県議会報告をかねての街頭宣伝でまわってみた。

いつも私を支えてくれている、心やさしい支持者の皆さんが、宣伝カーのところまで出かけてきて激励してくれたのはもちろんだけれど、初めてお会いする何人かの人たちが、かぶっていた帽子をわざわざとってお辞儀してくださったり、自転車で駆けつけてくださったりして、さまざまな激励と共感の声をかけてくださった。一人ひとりがその人らしく、本当にわかりやすい素朴な言葉で。

ある人は「朝陽の水害は都市型水害だ。千曲川との関係もある。浅川にダムができたって、朝陽の水害には全然関係ない。そんなことは常識的に考えれば、誰だってわかる。何年も議員をやっていて、そんなこともわからんようじゃ困る」。

また、ある人は「県会議員と市長だけで勝手に決めるな。ダムなんかいらん。あの市長はダムでも造って、コンクリートが売れて、もうかればいいという程度のことしか考えていない。いったい、地附山のことをどれだけ反省してるんだ。困ったもんだ」。

ある人は「介護慰労金がなくなるのは困るが、知事の不信任はもっと困る。せっかく県政が変わり始めたんだから、昔に戻さないでくれ。福祉全体がよくなる県政にしてくれ。がんばって」と、カンパを一万円も宣伝カーに届けてくれた。その思いに胸が詰まる。

柳原で会った自転車に乗ってきたおじさんは、「若里市民文化ホールでやった公聴会に行った。石坂さん、議長やってたね。公聴会のダム反対の人たちの意見は、みんなよく勉強していて、おれも勉強になった。ダム賛成は、下流の人たちと市民を装った元市会議員じゃないか。おれは昔、吉田に住んでいたが、洪水の被害を受けたことは一度もない。柳原に住んでからも、もうだいぶたつが、北八幡の用水も、ポンプが能力アップされて、パイプも昔に比べて何倍にもなってだいぶよくなった。富竹で線路の上を流れてたひどい天井川も一〇メートル以上は下げたんだから、めったなことはない。せっかく検討委員会に頼んで結論が出たのに、その結論が気に入らないって騒いでるが、何のために検討委員会をおいたんだ。もういいかげんにして、みんなで早く、いい河川改修ができるように協力できないのか、あの県政会のバカどもが」。

そして、ある女性は、「石坂さん、浅川の水害なんて、千曲川の中、削ればいいんだ。たまった土砂をきちんと浚渫《しゅんせつ》して、千曲川から浅川へ逆流するのを何とかしなけりゃ。ダムなんて、この辺の人たちの役には立たないよ」。

住民は、しっかりと真実を見ている！　この願いを受けとめて、その実現のために誠実に努力を重ねることこそ、議員の役目ではないだろうか。

## 民主的運営って何？〈6月24日〉

議会休会日の今日、午後一時から、議長の召集により全員協議会が開かれ、浅川・砥川《とがわ》の関係流域の市長・町長に、知事の「ダムなし答申」尊重の方針に対して意見を聞いた。

私たち日本共産党県議団は、この全員協議会開催に反対し、反対理由を伝える記者会見をして欠席した。なぜならば、この全員協議会は、日本共産党県議団を除く四会派の団長会議で勝手に決めて、それを議長が受けて召集を決め、結論だけを日本共産党県議団に伝える、という一方的なやり方で召集されたからだ。

また、四会派の県会議員の皆さんは、二一日に浅川・砥川の流域関係市長、町長のところをまわって、意見を聞いているのだし、そもそもそれらの市長、町長さんは、約六カ月にわたって議論された浅川部会・砥川部会の正式メンバーとして議論に参加している。もう、十分に意見を聞いている市長、町長をまた呼んで、住民の意見を聞こうとしない運営はとうてい納得できない。

浅川・砥川とも、住民の世論調査の結果は「ダムなし支持」が圧倒的。もはや、市長や町長しか頼りにできず、住民の意見には耳をふさぐダム推進派議員は県民の代弁者ではない。

このばかげた全員協議会の開催に反対し、議会運営委員会の開催を求めた私たちの要請を無視した宮沢勇一議長に、記者会見の前に申し入れしたところ、「多数で決めることが民主主義だ」と驚くべきお返事。この議長は「民主的運営をする」ということを公約して、わが日本共産党も推薦した議長だ。にもかかわらず、この態度。宮沢議長は、多数会派で決めて結論を押しつけてくることを「民主的運営」と言って譲らない。私は「議長さんと私たちでは、民主主義の考え方がまったく違います」と議長に抗議したけれど、言っても無駄だったかもしれない。

## 新しい歴史のページが…〈6月25日〉

『脱ダム宣言』(二二一ページ〈注5〉参照)において示した私たちが歩むべき道を後戻りさせることはできません。いみじくも今回の答申も、多面的・多角的な検討を経て、浅川・砥川の両河川においても、ダムによらない治水・利水対策が可能であると述べ、その実現を長野県に対して求めたものであります。

私は、議員提案の条例にもとづき設置された検討委員会の答申を尊重し、県民の皆さんの理解を得ながら、新たな『長野モデル』としての河川整備を進め、その理念のみならず、具体的方策もが全国へと伝播《でんぱ》していくことを願って、答弁とさせていただきます」

田中知事が、今日のわが日本共産党の丸山茂議員の質問に対しての答弁をこのように締めくくると、傍聴席からは自然発生的に盛大な拍手がわきおこった。ダム推進派議員が、傍聴席に対して「退場！」などと叫んだが、完全に浮いていた。私も長年の流域住民の思いに心はせて、心から感動の拍手を送った。

浅川・砥川のダムは中止。意見が分かれている基本高水《きほんたかみず》（五四ページ参照）の問題については、今までされていなかった流量観測などをして再検証していく。国の基準に沿う五〇年確率の河川改修をして、ダム建設で対応するわけだった流量の八割分に対応し、残りの二割は流域の森林整備や調整池、遊水地の設置をはじめとする流域対策で対応する。浅川については、内水対策に具体的に取り組む。水源の確保は総合的な組み合わせと水利権の転用など、粘り強い話し合いと努力を重ねる。

きわめて明快な答弁で、今後の方針が示された。にもかかわらず、他の会派の議員たちは、「代替案がない」と騒いでいる。これからも困難は予想されるが、開かれた新しい歴史の一ページに確信を持って、知事の示した方針が現実のものになることを目指してがんばっていきたい。

## もううんざりの「審議中断」〈6月26日〉

今日の議会は二度にわたって休憩動議による審議中断。旧与党会派の議員が、田中知事になってからよく使う常套手段で、質問時間が終わりに近づくと、この手を使う。今日は、最初に社会県民連合のT県議が、「認可が取れるかどうか国土交通省に電話で聞くように。代替案が具体的に示されないから審議できない」と休憩動議を出して審議をストップさせた。

全国で七〇を超えるダムが中止になっているが、中止が発表されたときに、「代替案」があったところは一つもなく、どこでも中止になってから「代替案」の検討に入っており、また中止から何年もたっているのに何の検討もされていないところもたくさんある。中止したばかりの浅川・砥川の代替案を今求めることは自由だが、今すぐないのは時間的に当然のことで、そうした中で、知事が昨日表明した方針は、全国的に見てもより具体的なものである。

理由にならない理由で審議中断とは、本当に乱暴だ。今回が初めてではなく、「我慢も限界」なので、急きょ記者会見をし、理不尽な審議中断に抗議した。各会派にも申し入れをした。にもかかわらず、午後になって、県民クラブ（本当は公明党）のS県議が、またまた難癖をつけて休憩動議を出し、審議中断。

事態を収拾するために、議長に呼ばれて各会派の団長が集まった席で、私が「申し入れの内容で、各議員に対し良識に基づいて動議を乱発しないように徹底してほしい」というと、政信会会長の望月雄内議員は「質問者の権利だ」と開き直り、社会県民連合団長の浜万亀彦議員は『理不尽な』というのが納得できない」と、自分たちの横暴さに反省のかけらもない。

この議会中にもとうわさされている「知事不信任」の理由作りのため、というのは見え見えの作戦で、まさに県民の要求実現などそっちのけ。もううんざりの不毛な審議中断。

## なぜ「暫時休憩」に？——議長の知事答弁制止事件　〈6月27日〉

今日も、県議会は嫌な一日だった。県民クラブの柳田県議が、またしても理由にならない理由で「休憩動議」。基本高水の算出に必要な流量観測を今までしていない浅川で、ようやく観測を始めることを「やるべきではない」とわけのわからないことを言い出し、「知事の考えが変わらない限り審議できない」と休憩動議を出したのだから、出す方も出す方だが、賛成する方も賛成する方だ。あきれてものも言えない。いったい、長野県議会はいつまでこんなことを繰り返すのだろう。

挙句の果てに、政信会のH県議の質問に知事が答えている最中に、議員たちが「関係ない」「やめろ」とヤジと怒号で騒ぎ出し、それを受ける形で宮沢議長が、「質問に答えてください」と知事に向かって注意（?）し、答弁をやめない知事に対して、「発言をやめてください」と繰り返し、それでもやめない知事に、「暫時《ざんじ》休憩!」と宣告し、マイクを切ってしまい、休会のブザーがなって、四会派の議員たちは退場してしまった。

それでも知事は答弁をやめず、電源を切られたマイクの前で答弁を続け、本会議場には、知事、副知事と各部長など県側の幹部職員と私たち日本共産党県議団だけが残った。阿部副知事が知事をいたわるように知事の傍らに立ち、それでも知事は答弁を続け、まもなく答弁を終えた。

あとからビデオで確認すると、「暫時休憩」が宣告されてから、知事が答弁を終えるまでは、なんだかとても長い時間に感じられたが、実際には一分そこそこ。

四会派はいっせいに「議長の制止も聞かない民主主義のルール無視の知事」と非難して、再開のためには「知事が謝罪するべきだ」などと言い出した。

私は議長に、「議会運営の責任者は議長であり、その議長の制止を聞かなかった知事にも非はあるが、そもそも知事は質問に答弁していたのであり、答弁を一方的に制止して打ち切ってしまった議長の運営が横暴である。ことのいきさつが県民にわかれば、批判は議長さんに向けられますよ。あやまれというなら、議長もあやまらなければならない。あやまれ、あやまらないの話でなく、正常化して再開してほしい」と意見を述べた。

とりあえず、議会は明日まで休会となり、明日午前一〇時の定刻に開会されることに落ち着いたが、もはや押しとどめられない全国のダム中止の流れと現状、そして長野県での「脱ダム宣言を後戻りさせることはできない」と、自らの思いを述べているさなかに、突然答弁を打ち切られ、それでも答弁をやめることができなかった、知事の無念の思いが伝わってくる。

## 一般質問終わる〈6月28日〉

今日で一般質問がすべて終わった。朝から、昨日の「暫時休憩」を受けて、いよいよ知事不信任案提出か？　との緊迫した空気が張り詰めていた。議会棟一階のフロアは、マスコミのカメラが並び、さながら不信任案提出決起集会の雰囲気。

質問者の順番は、昨日予定時間を三分残しているH議員、続いて私なのだが、もし不信任案が動議で出されれば、最優先として扱われるということで、「私の質問より早ければ、質問できなくなる場合もある」なんて聞かされて、嫌な気分。

「具体的な代替案もなく、ダムを中止して無責任だ」

「こんな計画で、国の認可が取れるのか」

今回の議会で繰り返されているこの主張への私の回答という意味も込めて、彼らの主張がいかに無理難題であるかをわかってほしい、という気持ちで質問した。

私が調べた限りでは、全国で中止になったダムで、中止を決めて発表したときに「代替案」ができていたところはない。長野県と同じように、この六月県議会で二つのダムを中止した岡山県では、国直轄の柳井原堰《やないはらぜき》については、これから国と協議していく、というだけで代替案はなく、県で造る大原川ダムについては、県議会終了後から具体的な検討に入ることになっている。

山梨県の笹子《ささこ》ダムは、浅川ダムと同じように、付け替え道路まで造ってから中止したが、中止は昨年（二〇〇一年）一二月だったにもかかわらず、いまだに河川改修するというだけで何の代替案もなく、事業費の試算も当然ない。国直轄の徳島県細川内《ほそごうち》ダムは、二〇〇〇年に建設省が完全中止を決定したが、国はなんら代替案を示していない。

中止した全国のダム計画地では、予想される洪水量である基本高水《きほんたかみず》の数値はダム計画の時に決めた数値のままで、それよりかなり少ない暫定的な「計画高水」の数値を決めて、それで実現可能な河川改修をしている。その意味では、今回長野県で知事が示している「枠組み」は、全国的に採用されているものであり、基本的には国の認可の可能性は高い。

お昼休みに、傍聴に来ていただいた人たちに集まっていただき、「不信任阻止の決起集会」を開いた。みるみる参加者がふくれ上がり、八〇名はゆうに超えた。県民が直接選挙で選んだ知事を任期半ばで、重大な公約違反もないどころか公約を守ろうとがんばっているのに、意見の違いで不信任にするなどという無法がまかり通るとすれば、多分、全国の都道府県の中では初めての暴挙になるだろう。わが議員団の数の少なさが、この時ばかりはひときわくやしい。

幸いにも今日は、うわさされた知事不信任案は出なかった。ダム問題や、議会であげる意見書や決議などが、結果として知事不信任を意識した政争の道具になっている現状は悲しいことだ。今日は「雇用・景気対策の充実を求める決議」が採択されたが、本来全会一致で採択できる内容になるべきところ、「知事の取り組みが消極的でだめである」という意味の表現をわざわざ盛り込んであるため、残念ながら、私たち日本共産党は事実とも違うこの決議には反対せざるを得なかった。

いつまでこんなことが続くのだろうかと思うと、気分が滅入ってくる。

## 今日から土木委員会 〈7月1日〉

議会は今日から委員会になり、私の所属する土木住宅委員会は、今日と明日、そしてあさっての半日、つまり二・五日を土木委員会、残りの半日、つまり〇・五日を住宅委員会に当てることとなった。

委員会での議論はダム問題に明け暮れ、しかも一般質問で言い尽くされた「代替案が具体的でなく、無責任だ」「国の認可が取れるのか」「どんなに費用がかかっても河川改修でやるというのは納得できない」「土木部に相談もなく中止を決めたのは横暴だ」等々、今までの彼らの主張のむしかえし。

私は、やはりこの六月県議会の初日に二つのダムの中止を表明した岡山県の知事提案説明を引用して、代替案は急がなければならないが、今回知事が示した「枠組み」と長野県での検討が、岡山の例と比べても、決して遅すぎて無責任というものではないことを主張した。

岡山県議会での知事提案説明では——

「……国が建設を進めている船穂町《ふなお》の柳井原堰《やないはらぜき》、県が建設を進めている美作町《みまさか》の大原川ダムにつきましては、本体工事未着手のこの段階で見直しを行いたいと考えております。柳井原堰につきましては、堰の建設は中止し、小田川の治水対策を中心として事業を進めるよう、国土交通省に申し出を行いたいと考えております。また、大原川ダムの建設についても中止したいと考えており、県の事業評価監視委員会におはかりした上で、今後の事業のあり方を決定してまいりたいと存じます。……（中略）……なお、以上の件は、今後さらに国、関係市町村等と協議した上で県としての方針を決定し、九月定例会に関係議案を提出しておはかりしたいと考えておりますが、きわめて重要な案件であることから、本日、私の考えをお示ししたものであります。……」とされており、なぜ長野県で、「代替案が具体的でなく、無責任だ」などと大騒ぎになり、しかもそれが不信任の理由になるのか、私にはまったく理解できない。おそらく大多数の県民も納得しないだろう。

また、ダムをやめれば、いかにも多額の費用がかかるような宣伝が県政会をはじめ他会派の議員からされているが、これも根拠のない憶測に過ぎない。今日の土木委員会では、私は「浅川ダムの契約解除による業者への賠償金が、事業費の一割で約一三億円」などと言われていることに根拠がないことを指摘した。

私の調べた限りでは、全国にそんな事例や判例はない。弁護士さんの見解でも、①すでに支払った費用に対する賠償、②得べからざる利益（工事をやっていたら得られたであろう利益）について、その何割かを業者と協議の上で支払う、以外には考えられないとのこと。いたずらに県民の不安をあおるような無責任な試算や発言には本当に腹が立つ。

明日は、土木委員会として、国土交通省へダム中止にともなう事態についての見解を聞きに行くこととなった。私は今回、田中知事が示した「枠組み」の方針が、国土交通省の方針からも、全国的な情勢からも、基本的には妥当なものであることを、土木委員会の議員の皆さんが認識するいい機会になると思っている。

## 県議会土木住宅委員会、国土交通省へ行く〈7月2日〉

今日は、県議会の土木住宅委員会として、国土交通省河川局へ出向き、ダム中止にともなう国の対応の問題などを河川課長や専門官から聞いた。

事前に提出しておいた質問項目について回答してもらい、質疑するという進め方だが、「浅川・砥川のような流域で、流域対策が有効と思うか」「基本高水を再検証することを前提にしている河川整備計画が認可されるのか」「補助金返還が求められない合理的理由とは何か」などの質問項目には、知事が示した今回のダム中止後の河川改修と流域対策の組み合わせによる「枠組み」の方針を否定したいという意図がありありだ。

もともと、これらの質問項目は、議会を迎えるにあたって資料を集めて調査したり、必要なら国土交通省にも問い合わせるなどして調査しておけば、わざわざ委員会の日程を一日つぶさなくてもすむことで、本来議員たるもの、そのくらいの準備はして論戦に臨むべきである。私自身は六月一三日に、地すべり地帯に建設された群馬県の下久保ダムの調査と合わせ、国土交通省に出向き、今回対応していただいた田村秀夫・河川局治水課企画専門官と質疑を交わしている。

私が今回の企画に賛成したのは、議員の皆さんがあまりにも不勉強で、自分の都合のいい思い込みや決めつけで、「こんな計画は認可されるはずがない」という結論を前提として質問する、という認識不足の状態であり、議論をするためには最低限の共通認識を持ったほうがいいと考えたからだ。

国土交通省は基本的には、「河川整備計画が県からあがってからでなければ回答できない」ということで、ダムの中止が表明され、河川整備計画をこれから作ろうというこの時期に、予想で質問されても困る、というスタンスだった。当然のことだ。

また、宮城県で中止になった新月ダムの場合、長野県と同じように、検討委員会は基本高水を下げるべきだという答申だったが、それを受けての県の対応は、まだ結論が出ていないということだった。「ダムを中止したのに、代替案が具体的でなく、無責任だ」ということが、不信任の理由になりそうな長野県議会の理屈でいけば、宮城県知事も不信任にしなければならなくなってしまう。

## 異常なダム促進陳情〈7月4日〉

一昨日の国土交通省との懇談を受けての昨日の土木住宅委員会。同じ場所へ行って、同じ話を聞いて、どうしてこんなに受けとめ方が違うのかとびっくりしてしまった。国土交通省は基本的には、今後、河川整備計画が策定された段階で判断したい、それができていない今の段階で、「認可されるか」「補助金がつくか」と聞かれてもお答えできないという態度だった。

ところが、昨日の議論の中で、「国土交通省へ行ってよくわかったが、知事が示した枠組みでは認可されないことが明らかになった」「土木部はなぜ、知事にこんな枠組みは実現不可能だと言わないんだ」「勇気を持って、だめなものはだめというべきだ」などと、事実にも基づかない無理難題を押しつける始末。そんな無理やりの質問にも耐え、挑発にも乗らず、小市正英土木部長はよくがんばったと思う。

「知事が公共事業を減らしたから、景気が悪くなった」などと、いつも大騒ぎしているくせに、土木委員会では、私以外の議員からダムの問題以外の質問はなかった。私は、公共事業の公正な入札の問題や、生活道路重視の問題、日本一規模が大きいと言われる山ノ内の二九二ヘクタールに及ぶ地すべり地帯の抜本的な対策などについて質問した。

最後に陳情の審査になったが、なんとすべてが、浅川ダムや下諏訪《しもすわ》ダムを早期に建設するようにというものばかり。しかも、長野市議会、長野市長、下諏訪町長、岡谷《おかや》市長、豊野《とよの》町長、小布施《おぶせ》町長、長野県市長会長の松本市の有賀正市長が陳情者。

時代の大きな流れの中で、ここだけが時間の止まっているような、長野県議会の異常ぶりは、歴史に残る恥ずかしさだ。

（注1）労働委員会は、労働組合法によって国と都道府県に設けられた、労使紛争を解決するための行政機関で、「労使紛争の調整」と「不当労働行為の審査」を行っている。委員会は、公益を代表する者（公益委員）、労働者を代表する者（労働者委員）、使用者を代表する者（使用者委員）の三者各同数の委員によって構成され、長野県では、各五名の計一五名の委員が任命されている。
（注2）事件が起きたのは一九九二年一月一〇日。長野県南部の飯田市にある県立飯田《いいだ》高校で、応援団への入部を強く誘った、暴力団ともつき合いのあった三年生が、言うことを聞かなかった二年生に腹を立て、包丁で刺し殺してしまった事件。被害者は小野寺仁君、当時一七歳。「生徒が包丁を学校内に持ち込んでくるのを知らなかったのか」。被害者の両親は、学校の責任を追及するため、長野県・校長・加害生徒の担任教師を相手取り、損害賠償請求訴訟を九二年三月に起こした。（編集部注＝この事件についての田中知事の見解は「飯田高校生徒殺人事件」http://www.pref.nagano.

jp/hisyo/governor/iidahigh.htmを参照）

（注3）長野市妻科に住む西千代子さんは、一九九七年七月の梅雨前線による集中豪雨で、裾花ダムの急激な放流により、床上一・四メートルの浸水被害を受け、九死に一生を得るという災害に見舞われた。

（注4）「ワーキンググループ」は、専門家や県議、市町村長、市町村会議長などで構成している「治水・利水ダム等検討委員会」のメンバーが、「基本高水ワーキンググループ」「利水ワーキンググループ」「財政ワーキンググループ」に分かれて、それぞれ、検討委員会や各部会に提言や報告をして審議を促進する。

（注5）二〇〇二年六月七日の第一四回長野県治水・利水ダム等検討委員会が、浅川・砥川の治水・利水を「ダムなしで」と答申したのを受け、六月議会で田中知事がその答申を尊重して、浅川ダム・下諏訪ダムを造らずに治水・利水を行うことを表明した。

第II部

# 知事不信任から失職・暑い熱い選挙戦

田中知事不信任を許すなと長野駅頭で訴える共産党県議団（右から３人目が著者）

## 田中知事不信任案可決される〈7月5日〉

予想されていた、田中知事不信任案が、県政会、政信会、県民クラブの共同提案で提出され、賛成多数で可決された。

県民が選んだ知事を任期半ばで、公約を実行してがんばっている（公共事業の見直し、ダム中止など）のがいけないと、数の力で不信任を押しとおした全国初の暴挙。民主主義の問題として、情けない。

「ダムを中止しながら、代替案が具体的でなく、無責任」の大合唱は、結局、「先に不信任ありき」がありあり。

「全国で、ダムを中止したところで、国への補助金を返還したところは一つもない」

「ダムの中止決定時に、詳細な代替案ができていたところはどこにもなく、まず中止してから、具体的な代替案の検討に入るのは、どこでも同じ手順。中には中止から二年以上たっても具体的な代替案がないところもあり、必要な時間をかけて、河川整備計画を作る」

一つひとつの、言いがかりとしか思えない質問に、答えが出ても、聞く耳をもたない。

実際に出された不信任決議案は、知事を「独善的」「稚拙」などと一方的に決めつけた〝三下り半〟のようなもの。わずかな救いは、最大会派県政会の団長が「一糸乱れず可決する」と豪語して、ものすごい締めつけをしていたのに、採決時に三人が退席し、そのあと退会したこと。

不信任案可決の瞬間は、議員席から拍手一つ起こらなかった。彼らの自信の無さと道理の無さが現れている。議会の中では多数派でも、県民の中では多数派ではない。数の暴挙は、人の心の良心まで押しつぶすことはできないのだから。理不尽な不信任を、心ある県民は許すはずがない。負けずにがんばりたい。

長くなるが、以下は私が行った反対討論。

＊

今回提案の知事不信任案に反対の討論を行います。

まず申し上げなければならないことは、知事は、県議会が選んだのではなく、県民が直接選挙で選んだのです。その知事が、公共事業見直しの自らの公約を守り、実行しているさなかに、あくまでダム建設に固執し、任期半ばで不信任にするということ自体が広範な県民への挑戦であり、まれに見る暴挙です。全国的にも、汚職や犯罪以外で知事を不信任にしたところは無く、かつての岐阜県知事が、知事室で一億円もの賄賂を受け取ったために書類送検され、不信任にいたった事例は論外として、公約を実行しているのがいけないと、長野県議会が数の力で知事不信任を押

6月定例県議会で不信任反対討論に立つ著者

しとおすことは、都道府県レベルでは、まさに全国初の暴挙となります。連日わが日本共産党県議団に寄せられる膨大なメールや電話、はがきには、「こんなことで知事不信任とは、長野県の恥だ」「長野県人として情けない。県議会の皆さんに猛省を促したい」という声が満ち満ちています。

開会に先だつ去る六月七日、約一年間の議論と検討を経た長野県治水・利水ダム等検討委員会が、浅川および砥川《とがわ》にたいするダムによらない治水・利水の「答申」を出したばかりであり、この「答申」を受けて、開会日の提案説明で、知事は、「答申を尊重し、その趣旨をふまえ、浅川および砥川の治水・利水対策を実施してまいりたい、そして一つひとつの課題に関して、解決への見通しを把握し、長野県公共事業評価監視委員会にもおはかりした上で、最終的な判断を行い、確実な治水・利水対策を実施してまいりたい」と述べた上で、「答申」後に始まった浅川・砥川に関する現段階での関係部局との協議の上での「枠組み」を示しました。

議員提案の条例によって設置された長野県治水・利水ダム等検討委員会は、宮地良彦元信州大学学長を責任者として、市町村長や公募の賛否両論の住民参加による部会の設置や、県議会各派の議員も専門家や市町村議会、町村長の代表とともに参加するというかつてない多様な構成で精力的な議論と検討が重ねられてきました。すべてが公開で、傍聴者にも資料配布が行われ、県民の関心もかつてなく高まり、この全過程こそが、まさに新しい長野県の民主主義のプロセスと言えるものです。

だからこそ、県民の多くは、検討委員会の「答申」を妥当と判断しており、ダムによらない河川改修を求めています。「住民の命と安全を無視している」などの議論は全くあたりません。

これらの経過から、知事不信任の理由としてこの議会で大合唱となった、「ダムの中止を表明したのに代替案が具体的でなく、無責任だ」という主張は、まさに、言いがかりとしか思えません。本会議での私の質問に対する土木部長の答弁でも明らかなように、すでに全国で七〇を超えるダム建設の計画が中止になっていますが、ダム中止決定時には、全国どこでも詳細な代替案はなく、中止後に具体的な検討に入るのは、どこでも同じ手順です。

この六月県議会の初日に二つのダムの中止を表明した岡山県では、国直轄の柳井原堰《やないはらぜき》については、これから国と協議していくというだけで具体的な代替案は無く、県が造る大原川ダムについては、県議会終了後から具体的な検討に入ると県議会に説明されています。

昨年（二〇〇一年）一一月に中止を決めた山梨県の笹子ダムは、付け替え道路まで建設し、利水計画が下方修正されて中止になりましたが、建設目的の九割は砂防目的ですが、代替案は河川改修をするというだけでいまだ具体的でなく、事業費の試算も当然ありません。

中止から二年たつ宮城県新月ダムは、治水利水検討委員会の答申は基本高水を毎秒一〇〇〇立方メートルから毎秒八七〇立方メートルに引き下げるという結論だったが、県としての基本高水の結論はまだ出ておらず、現在、河川整備計画基本方針を策定中であり、利水についてはまだ対応策が見つかっておらず、今後の見きわめに時間がかかっているとのことです。

どこでも実情に合わせて、必要な時間をかけてのダムに代わる代替案、具体策が検討されているのですから、長野県の現時点での「枠組み」が無責任呼ばわりされる筋合いは無く、これが不信任というならば、他県のダムを中止したところの知事は、みんな不信任になってしまいます。

先ほどの土木住宅委員長の報告中、委員会として国土交通省の見解の確認に出かけたことの報告がされましたが、国土交通省の見解は基本的には「河川整備基本計画が策定されたら検討する」

というものであり、策定作業がこれからというときに、はじめから、「認可はとれないのではないか」「補助金が出ないのではないか」という予想の話には答えられない、すべては、河川整備基本計画を見てから、というスタンスです。当然のことです。

また、あたかも多額の国への補助金返還の義務が生じるのではないか、業者への契約解除に伴う賠償金が一三億円にも及ぶのではないか、などという議論も、藤沢議員への答弁や委員会審議の中で、全国でダム中止になったところで補助金を返還したところは一つもないことや、一三億円に何の根拠もないことも明らかになりました。もちろん、提案説明や望月議員の討論にあったダムをやめれば河川改修に一〇〇〇億円かかる、という独自試算にも、何の根拠もない、ためにする積み上げの試算であることを残念ながら指摘させていただきます。

「脱ダム宣言」後の県民世論は、ご承知のように、どの時期に、どのマスコミが世論調査を行っても、県民の多数は「ダムはいらない」「ダムなし支持」が多数を占めています。流域住民は「ダムはいらない」と言っているのに、県議会多数派と市町村長らが、検討委員会の「答申」後も、知事の中止決定後も、あくまで「ダム建設促進」の立場を取り続けるのは、いかにも異常な事態です。住民の声や思いに応えることこそ、議員の本来の役割ではないでしょうか。

こうした事実が明らかであるにもかかわらず、あくまでダムに固執し、今ならまだダム建設に間に合うということで、知事を辞めさせようというのは、あまりに道理がないと言わざるを得ません。

今県《こん》議会の開会日に、日本共産党県議団は、各会派の皆さんに、道理のない知事不信任に私たちは反対であり、長野県治水・利水ダム等検討委員会の「答申」が出されたばかりのダム問題の議論だけにとどまらず、不況の中での景気対策を中心に今県議会に提案されている約八億円余の補正予算の審議をはじめ、さまざまな切実な県民要望実現のための建設的で活発な議論を交わすことを、この議会の最大の任務にするように呼びかける申し入れを行いました。

しかし、残念ながら、今県議会を巡る事態は、私たちの申し入れとも、多くの県民の思いとも逆行する展開となってしまいました。まず先に「不信任ありき」――不信任案をいつ出すのか、不信任案を出せるかどうか、そんな県民不在の駆け引きが、マスコミまでも動員して大がかりに行われ、不信任案の理由作りに明け暮れる不毛の議論の日々が続く結果となったことは、県政にとっても、県民にとっても大きな不幸です。

不信任案をちらつかせてのこの議会は、残念ながら、県民にはおよそ理解の得られない、無理難題を突きつけてのあいつぐ審議中断など、県政史上に大きな汚点を残す異常な議会運営がまかり通ってきました。

「枠組み」にそって、多くの課題を解決しながらの本格的な検討が、まさにこれから始まろうというその時に、「概算でも試算が示されなければ審議できない」「答弁が食い違っていると思われるので議事録を精査してほしい」「知事の意見が変わらなければ議論できない」などとさまざまな理由をつけての審議中断が、要求した議員の言いなりにあいつぎました。

それればかりか、ダム問題に関する知事の答弁の最中に、節度を超えた野次、怒号をこそ、本来制止するべき議長が、こともあろうに知事の答弁を制止し、知事がわずか一分四五秒答弁したところで、答弁を一方的に中断させようと「暫時休憩」を宣告して、マイクの電源まで切ってしまいました。答弁を続ける知事を無視して、日本共産党県議団以外のすべての議員がこの運営に抗議もせずに退席してしまいました。全国でもまれに見る、議会制民主主義の否定、前代未聞の暴挙ではないでしょうか。

休憩時間の後、知事が謝罪をする意向と議長から告げられたとき、私は議長に、「答弁を途中で中断してしまった議長こそ横暴。ことの真相がわかれば、県民の批判はむしろ議長に向きますよ」と指摘しました。

提案説明では、不信任の理由はダムだけではない、とされましたが、私の所属する土木住宅委員会で、ダム問題以外の質問をしたのは、私だけでした。まずダム問題ありき、不信任ありきの議論ではないと、どうして言えるのでしょうか。

ダム建設にとりわけご熱心な議員のみなさんが、多くの障害のある子どもたちが、そして関係者が長年開校を心待ちにしている長野県初の知的障害児、肢体不自由児の併設モデル校、稲荷山《いなりやま》養護学校の改築を、事実上お金がかかりすぎると、いけないことのように主張する、まったく本末転倒です。節約に努めた設計にも言いがかりをつけ、四基のエレベーターを二基にしたらどうか、などの発言は人権問題でもあり、障害児教育の何たるかも理解しない悲しい発言です。ダムよりも河川改修が、大型事業より養護学校の建設が、地元建設業者の仕事と雇用を増やすことも明らかです。

本日提案されました「田中康夫知事不信任決議（案）」では、「一部の意見のみを重んじ、独善的で」「県政の停滞と混乱を招き」などとしています。本当にそうでしょうか。

六月の一五日と一六日、浅川と砥川《とがわ》の両岸一〇〇メートルの流域住民を上流から下流まで軒並み訪問して行った地元ＳＢＣ（信越放送）の世論調査では、今までの河川行政に住民の意見は「反映されていなかった」は実に五五・八％にのぼり、「反映されていた」はわずか一二・二％となっています。

これからの河川行政のあり方をさぐる、治水・利水検討委員会の一年余の議論と、多くの人たちの協力を得て、長い間眠っていた県民の自治の意識が、田中県政の誕生と環境の世紀にふさわしい「脱ダム宣言」によって、行政まかせではない県民自らの問題としてとらえられ、発展し始めている、新しい息吹が感じられます。

始まった県民参加の新しい流れに対して、あくまでも住民に否定されたダム建設を押しつけて、流れを後戻りさせようとする動きを、私たちは決して許すわけにはいきません。

野次と怒号、議長の制止とマイク切断という異常事態の中、知事は、「脱物質主義の時代に生きる私たちは今、できうる限りコンクリートによるダムを造らないという大きな転換点に立っています。『脱ダム宣言』において示した私たちが歩むべき道を後戻りさせることはできないのであります」と決意を述べています。

変わり始めた県政の新しい流れを歓迎し、この流れをさらに大きく発展させていく私たちの決意を込めて、矛盾に満ちた、理不尽な不信任決議案に反対の討論とさせていただきます。

## 県民の良識、ここにあり〈7月7日〉

今朝の『信濃毎日新聞』に、六日、県世論調査協会がまとめた「田中県政と県議会」緊急世論調査の結果が載った。

私のＨＰへの書き込みやメールの中にも、「田中知事も共産党も嫌いだけれど、今回の不信任は反対。知事と共産党にがんばってほしい」という意見があるくらいだから、理不尽な不信任、県民や民主主義に挑戦した県議会多数派のやり方は、良識ある県民に支持されないのは当然だと思っていたが、今回の世論調査の結果はこれを裏付けるものとなった。世論調査の結果は――
◎田中知事の不信任決議案可決に
賛成……………………二七・九％
反対……………………六一・六％
なんともいえない……一〇・五％
◎田中県政を支持するか
支持する……………………………三六・五％
どちらかと言えば支持する………二九・九％
どちらかと言えば支持しない……一〇・五％
支持しない……………………………九・六％
なんとも言えない…………………一三・五％
◎浅川ダム、下諏訪ダムの建設中止方針に
賛成……………………五八・八％
反対……………………二三・八％
なんともいえない……一七・五％
というものだった。このうち、不信任決議に「賛成」という人の理由としては、「田中知事は県政トップとしてふさわしくない」二七・八％とともに、「知事が『ダム中止』に代わる治水案を示さなかった」が二七・四％と高かった。

この点は、不信任反対討論でも述べだように、不信任の最大の理由として県議たちに攻撃されたし、マスコミが彼らの主張を無批判に報道したので、その影響が大きいと思われる。しかし、私の反対討論で指摘したように、中止を表明したばかりの現段階ではそれは無理難題の言いがかりだということ、知事が示した「枠組み」に沿って、具体的な計画が煮詰まっていけば、必ずすばらしいものになっていくことがわかっていただければ、今回の不信任の理不尽さがもっと多くの人たちに理解されることと思う。

マスコミ報道について言えば、今日もまた、あれだけはっきりしている「議長の知事答弁制止事件」（九三ページ参照）を、またしても、「議長の制止も聞かずに、『脱ダム』理念をまくし立てる知事」と描いていて、本当に許しがたい。事実は事実として報道するのが、マスコミの最低限の義務ではないのだろうか。

いずれにしても、世論調査の結果は県民の良識を示しており、不信任を突きつけた県会議員たちの世論とかけ離れた意識を改めて浮き彫りにした。不信任案提案説明に対するわが日本共産党の小林伸陽議員の質疑に対し、県政会の下崎保団長は、「世論調査は民意ではない。市町村長の意向が民意だ」と、驚くべき答弁をしたが、今回の世論調査の結果も民意ではないというのだろうか。

明日の夜七時から、今回の不信任の問題で、NBSテレビ（長野放送）の生中継の番組があり、各会派の代表が出演することになっているので、この問題に下崎団長がなんと答えるのか、今から楽しみである。

## NBS月曜スペシャル〈7月8日〉

夜七時より、NBSテレビの生番組、NBS月曜スペシャル「緊急討論！ 知事不信任案可決」に、県議会各会派の団長・会長とともに、私も日本共産党県議団の団長として出演した。

この間の知事不信任にいたる経過と知事のインタビューのビデオをはさみながら、不信任に賛成・反対した理由、「民意」についてどう考えるか、そして、この後想定される選挙は何が問われる選挙になるか、などについて各会派の見解を述べる、ということで番組は始まった。

不信任の理由として、まず、県政会の下崎保団長は「これ以上田中知事に県政を担当していただくと、県財政が破綻するから」などと言った。政信会の望月雄内会長は「ダムではないんです。田中知事の財政運営では税収の落ち込みもひどく、長野県が財政再建団体になることが確実で、そうなれば、生活道路もできないし、福祉もすすまないし、警察官の増員もできないし……」と述べて、二人とも「ダムは主要な問題じゃない」ことを強調した。

しかし続いての、県民クラブの大和大八会長になると、パネルまで持ち出して、「ダムよりも、河川改修のほうがお金がかかる。だから、長野県財政を圧迫する」と言い出し、これをきっかけに、せっかく都築勉信州大学教授（政治学）が、「地方自治の原則からみても異常なこと。今、なぜこの時期に不信任か」と、大切な質問を投げかけているのに、下崎団長は、田中知事が今回示したダムに替わる「枠組み」が、いかにいいかげんかという持論を、申し合わせの「一人一回一分以内」を大幅にオーバーして発言し続け、事実上質問に答えず、三会派の主張は「ダムをやめれば、大変なお金がかかって、長野県が財政再建団体になってしまう」という主張に終始する結果となった。

結局、何がなんでも、ダムを造りたい、だから知事にやめてほしい、という本音が見え見えになってしまった。

「民意」をどうとらえるかという問題については、下崎団長は、「県民にわれわれが説明責任を果たして、よく説明すれば世論は変わる。必ずわかってもらえる」などといって、マスコミや県世論調査協会の世論調査は実態を正確に反映していないのだと言わんばかりの態度だった。この人たちは、自分たちに都合のいい結果でないものは認めようとしないようだ。

発言時間が短く、私も充分に意を尽くせなかったが、時間の範囲で、彼らの事実無根の知事攻撃に反論させてもらった。

たとえば、田中知事になって、財政危機となり、このままでは財政再建団体になってしまう、という主張について――

長野県の財政が危機状態になったのは、吉村知事時代に一兆六〇〇〇億円もの借金を作ったからであり、しかもその借金は、決して福祉や教育などにお金をかけすぎたからということではなく、ゼネコン奉仕の大型公共事業優先で、「有利だ、有利だ」と国からの借金を重ねた結果であり、田中県政は、その負の遺産を背負ってスタートしていること。

税収が四〇〇億円も減ったのは、長野県の産業構造の特徴であるＩＴ、機械、弱電関連の落ち込みが大きいためで、これは、国全体を覆っている不況のため、国政の責任であり、すべてを知事の責任に押しつけるのは間違いであること。

また、ダムをやめれば、国への補助金返還や遊水地をはじめ、莫大なお金がかかって、それが県の財政を大変にして、何もできなくなるという主張については――補助金の国への返還は、全国でダム建設を中止したところで一カ所も返していない（六月県議会の藤沢のり子議員への土木部長答弁）。これは、補助金適正化法により、目的外流用などでない限り認められる。また、公共事業評価監視委員会が中止を認めれば、補助金返還の義務はない。

さらに、ダムで貯留する予定だった流量（浅川ダムなら一六八万トン）を一カ所の広大な遊水地にためるとして数百億円、または、ダムでためるはずだった流量を全部川に流す河川改修をするとして、川幅を広げるための家屋移転費用や工事費として数百億円という実現不可能な、荒唐無稽な計算をして、これらを補助金返還を含めて全部たし算をするという無責任なもの。

結局この議論で終始したため、今後予想される選挙は何が問われるかという問題には触れることができずに一時間の生番組は終わった。番組の最後にそれぞれが視聴者に向けて示すはずだったパネルに、私は「一、ダム建設や公共事業のあり方、二、今回の不信任の是非と議会のあり方」と書いた。

事実に反する三会派の、繰り返される主張を聞くにつけ、いったい何のための不信任だったのかと、改めて怒りが湧いてくる。

## 選挙をしてほしい(?)県議たち　〈7月9日〉

不信任を受けての知事の判断がどうなるかが注目されているが、ここにきてのマスコミ報道で、同時選（知事選挙と県会議員選挙を同時に行う）はほぼないだろうと言われ始めた。同時選にするためには、知事が議会を解散するとともに、自分も辞職することが必要だが、その方法をとって選挙が行われた場合、再選された県会議員はその後四年間の任期となるが、辞職した知事が再選されても、任期は今回の残任期間（二年四カ月）であり、すぐまた知事選挙になってしまう。本来は、理由なき不信任を突きつけた議会を知事が解散するのが筋だけれど、急な選挙は新人には不利、つまり現職有利ということで、あまり顔ぶれが変わらない可能性が高い。しかも、長野県の県会議員選挙は半分以上の選挙区が一人区だ。これも現職有利。

昨日のマスコミでの知事の発言をめぐって、同時選挙どころか、議会解散もなく、知事の失職による知事選だけかもしれないといううわさが飛び交い、不信任に賛成した県会議員たちはうろたえ始めた。「こんなはずではなかった」と。自主解散を言ってみたりするけれど、いかにも党利党略、何のための不信任だったのかと県民にはますますわけがわからない事態で、トーンは下がりっぱなし。正直言って、彼らは追い詰められている。県民に説明がつかなくなったのか、HPを閉じてしまった県会議員も出てきた始末。まったく県民不在だ。

聞くところによると、県知事選挙を行うだけで約一〇億円の出費になるとか。本来しなくていい選挙を無理やりやらせることになった彼らの責任は重大だ。県民の声や私たちの反対を振り切って不信任に賛成した議員全員で、その一〇億円を払ってほしい気分である。

## 懲りない人たち〈7月12日〉

県政会の副団長、不信任案を出すときの本会議で、「議長ー！」と叫んで休憩動議を出した小林実県議は、中野市界隈で発行されているローカル紙『北信タイムス』に、「不信任賛成に対する説明責任」と称して「特別寄稿」し、「県財政破綻の責任は知事にある」「ダムなし案は国の認可も得られず、補助金返還など莫大なお金がかかる」「このままますすむことは長野県の将来に大いなる危惧を抱かざるをえない」などと言いたい放題。

すべて、私たちが去る六月県議会の論戦で事実を明らかにし、論破したことばかり。財政破綻の最大の原因は前県政が作った一兆六〇〇〇億円もの借金にあるのだし、ダム建設中止にともなって、全国で補助金を返したところはどこにもない。

一兆六〇〇〇億円の借金の利子が、先の知事選時には約三六〇億円台で、「利子だけで一日一億円」と宣伝したものだが、その利子が膨らんで今では約五〇〇億円、「一日一億三〇〇〇万円」にもなっていること、その責任は前知事と協力してきた旧与党、つまり、今回不信任を田中知事に突きつけた自分たち自身だという自覚が、彼らにはまったくない。恐るべき不勉強と無責任に、ただただあきれ果てるばかり。

このようなでたらめを、ただ言わせておいてはならないと、わが日本共産党中野市議の青木豊一さんが抗議してくれ、新聞社も「不公正」を認めて、不信任反対の意見も掲載するということになり、私が反論を書くことになった。

かたや、県民クラブは『県政便り』で、これまた言いたい放題。

「長野県政史上最大の危機、ダムかダムなしでないか（原文のまま）の問題ではない。長野県がなくなるか残るかがためされている」などと見出しをつけ、ダムをやめれば、浅川ダムの場合で、補助金の返還などダムの一三倍のお金がかかると、まことしやかに書いている。これまた、事実にもとづかない、すでに論破されていることを、恥ずかしげもなく言い続けている。

懲りない人たち……。いったい、彼らの神経はどうなっているのだろう。うそを平気で言い続ける県議たちは、まさか、かのヒトラーがいみじくも言った「うそも一〇〇ぺん言えば本当になる」という哲学をお持ちなのだろうか。こんな県議たちばかりでは、県民は不幸になるばかり。真実を語る私たちの宣伝を、さらにさらに、強めていかなくては。

## 県政会の意見広告 〈7月13日〉

本日付の『信濃毎日新聞』に、県政会が一面の半分を買い取って意見広告を掲載した。最初の大きな見出しは、「田中知事不信任の理由は、ダム問題だけではありません。このままでは長野県の財政が破綻するからです」というもの。私は先日の「NBSスペシャル」（一一八ページ参照）を思い出して、思わず笑ってしまった。あの時もほんの最初だけ、「ダムではない」と言いながら、結局ダム、ダムと、ダムの話ばかりに終始する結果となった。わざわざ「ダムだけではない」というところに、逆にダムにこだわる彼らの意図を感じてしまう。

意見広告ではさらに、「県財政が破綻すると福祉の充実をはじめとする各方面で、これまでのような県からの支援が受けられなくなります」と続く。今度の議会でも、老朽化した稲荷山《いなりやま》養護学校の改築にあたり、長野県下初めての知的障害児・身体障害児併設校としてようやく保護者も参加する検討委員会での検討を経て、節約を重ねた設計ができ上がり、用地買収のための予算が計上されたことに対し、彼らは何と言っただろう。不信任を提出した三会派に社会県民連合まで加わって、「県財政のきびしい折に、こんな予算は本当はすぐに認められない」「エレベーターが四基もあるが二基にできないのか」など、およそ聞くに堪えない意見の数々ではなかったか。

そんな彼らが、知事攻撃のために「福祉」を口にすること自体が私には許せない。ダム問題も福祉も、「まず不信任ありき」の政争の道具ではない。県民の立場に立って、真剣に考えてほしい。

## 知事は失職を選択〈7月15日〉

あの理不尽な不信任可決から一〇日、田中知事は失職を選択した。知事は記者会見で、「熟慮に熟慮を重ねた末……失職することを選択した」「私は改革を引き続き行う強い意志がある。県知事に私がふさわしいか、直接、長野県でまっとうに暮らされている有権者に信を問うことがもっとも望ましい選択肢だ」と述べた。

知事の会見と同時中継で、SBCテレビ（信越放送）で、県政会、政信会、共産党（私が出演）の三会派が意見交換した。社会県民連合はラジオでコメント出演、県民クラブは欠席だった。

県政会、政信会は、「議会解散が筋だ」「知事が解散しなければ、自主解散をこれから検討する」「知事候補は検討しているが、県民から選んでもらうのが望ましい」などと主張した。

自主解散をするくらいなら、なぜ理不尽な不信任を知事に突きつけたのか。やめたい議員が自主的に辞職すればよい。いったい、何が目的の不信任なのか、ますます支離滅裂だ。田中知事が「ふさわしくない」と、あれほどの勢いで無理やり不信任にしながら、「県民から候補者を決めてもらう」という主張にいたっては、では、なぜ、県民が選んだ田中知事をやめさせたのか、まったく矛盾に満ちている。彼らにとっては、自分たちの思い通りの選択をしてくれる人たちだけが県民なのだろうか。ご都合主義もいいところだ。

いずれにしても、新しい歴史のページが開かれた。知事選挙である。ダム建設中止や公共事業の見直しなどの中心的な政策で一致してがんばってきた、不信任には明確に反対してきた私たちとしては、自分たちの行動にふさわしい選択をしなければならない。

私たちは田中知事の与党ではないが、ようやく始まった県政の改革の流れを歓迎し、この流れを決して後戻りさせないために力を尽くさなければならない。私たちにとっては新しい模索と挑戦の選挙となるだろう。時代にふさわしいがんばりをしなければと決意した。

## なぜ田中前知事を支援するのか〈7月16日〉

このところ、各地の要請で、県政報告会が開かれ、「県議会で何が起こったか」を報告させてもらっている。

今日は、日本共産党の労働者後援会の総会で、一時間の県政報告をした。ダム建設中止をめぐる全国的な到達点と長野県の現状をどうみるか、「ダムの代替案」「財政破綻」の考え方について、

「まず不信任ありき」で明け暮れた六月定例県議会の県民不在ぶりについて等々。

出された質問は、「田中前知事の対立候補はどうなるか」「知事選挙に対して、共産党はどうするのか」など。

今度の選挙は、理不尽な不信任を強行した県議会多数派への審判という、民主主義のそもそもを問う選挙である。不信任に明確に反対した私たちが、理不尽な不信任の結果失職せざるを得なかった田中康夫前知事の再選のために力を尽くすのは、当然で自然なことである。必要なてだてをへて、私たちは、県政の改革を後戻りさせない戦いに全力を尽くすことになるだろう。

## 知事選挙は九月一日投票 〈7月18日〉

本日開かれた選挙管理委員会で、知事選挙の日程は八月一五日告示、九月一日投票と決まった。知事選挙と同時に行われる、上田市と下伊那郡区の県会議員補欠選挙は八月二三日告示、九月一日投票。

いよいよ日程も決まり、県知事選挙となる。全国で初めて、もちろん長野県政史上初めて、公約実行中の知事を任期半ばで不信任にするという異常事態の結果の特別な選挙だ。今回の理不尽な不信任の是非を、県民の良識に問いかける民主主義の闘いである。不信任に明確に反対した私たちは、田中康夫氏を再び知事の座に取り戻すために、全力を尽くさなければならないと思う。

同時に行われる県会議員補欠選挙では、上田市、下伊那郡とも欠員一名のきびしい選挙だが、一つでも多く議席を増やして、県政の流れを前進させる力を作りたい。

とりわけ、現在五名の私たち日本共産党県議団が、あと一名増えて六名になれば、代表質問もできるようになるし、議案や動議を提出することもでき、すべての常任委員会に委員を送ることもでき、議会内の比重は大きく変わる。このたった一名が、今、私たちにとってはかけがえのない大きな意味を持つ一名である。議会の民主的な運営の前進のためにも、県民要望の実現のためにも、六名以上の強力な県議団は私たちの強い願いである。

## 県民クラブの目的は？〈7月19日〉

田中知事不信任に至る最近の経過の中で、私が、心から許せないと悲しく思うのは、事実でもないことを、知事攻撃のために主張し続ける人たち（会派）のことである。これは、意見の違いというレベルの問題ではなく、「悪質」と言わざるを得ない。

公明党、民主党と中間派で作っている長野県議会の県民クラブが、国土交通省の扇千景大臣に「要望書」を出したことが報道された。内容は、浅川ダム、下諏訪ダムの中止により、浅川四二一億円、下諏訪四〇億円の国への補助金の返還が危惧されることから、その返還の請求を「延期願いたくご要請いたします」というもの。

県民クラブが、その不勉強と無知ゆえに、「補助金の返還を危惧する」ことは勝手だけれど、今までの議会の論戦や、各種テレビ番組での論戦の中で、きちんと手順を踏んで、ダム計画中止後の「河川整備計画」を作り、国の公共事業再評価制度に基づいて、公共事業評価監視委員会のチェックを経て「ダム中止」が決定されれば、補助金は返還する必要がないことを明らかにしてきている。六月県議会の一般質問への答弁でも、全国でダム中止になったところ（この中には付け替え道路までつくって中止したダムもある）で、補助金を返したところは一つもない、と土木部長が明確に答弁しているのである。

しかも、百歩譲って、補助金の返還が求められる場合を想定しても、返還が求められるのは、県が作った河川整備計画が、国に認められず、認可にならなかったり、すでに使ってしまった補助金が不当に流用されたことが確定的になったりした場合である。まだ、これから計画を作っていくという段階で、国が返還請求をしてきたわけでもないのに、先まわりしてその結論を出す段階ではない。

それなのに、請求もされていない補助金の返還を、「延期願いたく」とは、あきれ果てて、ものも言えない。根拠のないことを主張し続ける県民クラブの目的は、いったい何なのだろう。こんなお粗末な県議たちが、無理やり田中知事を失職させたのだと思うと、つくづく情けない。

今日は、知事選挙と同時に行われる県会議員補欠選挙に、上田市区から立候補する高村京子さんの出馬記者会見があり、私も同席した。高村さんは前回の県議選で当選まであと一歩まで善戦した人。看護婦さんとして医療現場でがんばってきた、さわやかなお母さん政治家だ。

今度の選挙で、もし彼女が当選できれば、私たち日本共産党県議団は六名の交渉会派としての県議団となり、代表質問権を得ることや、全常任委員会への参加ができるなど、大きな力を持つことができる。二度と不信任など許さない県議会にしていくために、また、県民要望実現のもっと大きな力を作っていくためにも、彼女の当選のためにも、全力をあげたいと思う。

## 不明朗な候補者選びと「奥深い何か…」〈7月20日〉

夕方のニュースで、最大会派の県政会が、県政会としての候補者選びはしないと、今日開いた団会議で確認したと報道された。

田中知事を不信任にした県議会多数派は、不信任可決後に、田中前知事が失職してからも、対立候補を明らかにせず、無責任ぶりを発揮している。前回の知事選挙で、市町村長会とともに、日本共産党以外のオール与党で池田典隆前副知事を推した大政翼賛ぶりが県民の批判をあびたため、それを意識して、今回は、「議会が決めるのではなく、県民の中から選んで決めてもらう」などとカッコをつけているにすぎない。県民が選んだ知事を、無理やり不信任にしておいて、よくもそんなことが言えたものだ。正々堂々と、早く対立候補を明らかにしたら？　県民には理解できない、思惑だらけの不明朗な候補者選びはもうたくさんだ。

昨日付けの日刊『赤旗』が、ダム推進派県議がダム受注企業から献金を受けていた事実を明らかにした。長野県選挙管理委員会に提出された一九九九年の政治資金収支報告書を見るだけでも、すでに繰り返しマスコミで明らかにされている県政会の石田治一郎氏ばかりでなく、浅川ダム本体受注企業から複数の県議が献金を受けていることがわかる。石田県議だけでも、ダム受注企業九社からの献金を受けている。

ダム受注企業が加盟する県建設業協会の各支部からは、県政会のS県議、政信会のH県議、社会県民連合のH県議に献金が渡っており、建設業界の企業献金は九九年分だけでも、県政会、政信会、県民クラブ、社会県民連合の各県議に四〇〇〇万円を超えるものとなっている。

田中前知事は、公共事業の受注機会の公正化と透明性を保障するために、公共事業入札適正化委員会をスタートさせ、この委員会がすでに浅川ダム本体工事発注にともなう談合疑惑の調査を開始しているが、『赤旗』記者が入手した中堅ゼネコン山﨑建設の営業用資料によれば、浅川ダム本体工事は、入札の五年前から落札する本命企業が決まっていたことになり、その通りの企業に落札した（『赤旗』二〇〇一年八月三〇日付）。

驚くべきことに、長野県発注のダム本体工事で、工事予定価格に対する落札価格の割合を示す落札率は、常に予定価格ぎりぎりで、金原ダム九九・四五％、水上ダム九九・六四％、北山ダム九九・四六％、小仁熊ダム九九・五四％、佐久町の余地ダムはなんと九九・八五％で、四五億七〇〇〇万円の予定価格に対して、落札額はわずか七〇〇万円ちがいの四五億七〇〇〇万円。これほどの的中率は、予定価格を知り、談合をしない限り不可能と言われている。

すでに、地元マスコミでも報道されていることだが、ダム以外の長野県の公共工事でも、一九九八〜二〇〇〇年度に県土木部が発注した測量・設計などの「委託業務」のうち、なんと落札額が予定価格とまったく同額の「落札率一〇〇％」のケースが八五九件、「委託業務」全体の一割にものぼり、予定価格の漏えいや「官製談合」の疑いも指摘されている。

田中前知事は、「県議の皆様がこんなにダムにこだわるのは、私や多くの県民の理解を超えた、奥深い何かがあるのではないだろうか」と語っているが、まさに、その「奥深い何か」にメスが入り始めた矢先の不信任強行だった。

## 一通のハガキから〈7月22日〉

今回の知事不信任という事態をめぐって、今までかかわりのなかった多くの方からメールやお手紙、お電話をいただくようになったが、今日も長野市内の女性から一通のはがきをいただいた。お名前、住所、電話番号がきちんと書かれていたので、さっそく野々村博美長野市会議員と一緒に、お宅をお訪ねした。突然の訪問にもかかわらず、歓迎していただき、できることでの応援を約束していただいた。

その方は以前、県庁で働いていたことがあり、当時は、いわゆる「カラ出張」の書類作りにもかかわり、実際には出張していない人にも旅費の名目でお金を支給し、「みんなで渡れば怖くない」式に、内部告発が出ないようにしていたことや、官官接待は当たり前であったこと、上限なしのタクシー券の利用の実態なども話してくれた。

その方の友人が水商売をやっていて、田中知事になってから、県の職員が飲みに来る回数や人数が減ったと言っていたことを思い出し、その友人に「今回の不信任についてどう感じているか」と聞いてみたところ、以前は、宛名や金額を書かない領収書作りなどにも協力せざるを得ず、「不正にかかわっている」うしろめたさがあったが、今ではそんなこともなくなって、税金の無駄遣いを改めていこうという田中前知事の改革をむしろ歓迎しているのだという。

今回のことで、多くの県職員、または元県職員という方からお手紙やメールをいただいたが、その中には、県の元職員で、退職後の再就職先が県の建設業協会だったが、当時は、共産党以外の県議会与党会派への政治献金は当たり前のことで、その上、再就職後は、年金を受けながら、一人前に「いいお給料」をもらい、さらに退職金まで再就職先からもらえる優遇ぶりに、自分のことながら「おかしい」と感じ、それらのすべてに改善のメスが入るべきだという思いが、田中康夫氏への期待となっているのだと語ってくれた人もいる。現に田中前知事は、県職員の退職後の再就職先での退職金の廃止を打ち出し、改革のメスは入り始めた。

## 「県民の会」が自主的に支援〈7月23日〉

前回の県知事選挙（二〇〇〇年一〇月）で、私たちは、労働組合や市民団体とともに構成している「明るい県政をつくる県民の会」に参加し、「県民の会」の県知事候補中野早苗さんの当選をめざした。中野さんは、「浅川ダム・下諏訪ダムの中止、公共事業の見直しで、福祉、教育、環境重視の県政を」と訴えて、一二万票余を獲得したが、当選は果たせなかった。しかし、当選した田中知事の中心的な政策は、「県民の会」が掲げたものと一致できるものが多く、田中県政の改革の流れは、「県民の会」参加の団体や構成メンバーにも基本的には歓迎されてきた。

今回の知事選挙で、「県民の会」はどうするのか、構成団体やメンバーからの問い合わせが相次ぎ、態度表明が迫られている中で、本日代表者会議が開かれた。

長野県民主医療機関連合会（民医連）――東京都足立区で民医連の医師でもあった吉田区長が不当な不信任を強行され、議会解散をしたが、結局区長再選にいたらなかった。今度の不信任にはきっぱり審判を下したい。

浅川ダム建設阻止協議会――開かれた住民参加の検討委員会は今までになかったもの。その検討を経た答申を知事が尊重するといったら不信任とは、本末転倒だ。

長野県部落解放運動連合会――田中知事は、部落差別をなくすために、逆差別になる特別扱いはやめ、すべての差別に同じ比重で取り組むと、運動団体からの何回にもわたる圧力にも屈せずにがんばっていた。

労働団体の長野県労働組合連合会（県労連）――今まで「連合」が独占していた地方労働委員会の労働者委員五名中一名に県労連からの委員も入れ、公正な人事をつらぬいた。しかも「連合」は前回選挙で田中氏を支援した団体であるにもかかわらず、公正な姿勢は立派。

中小業者の長野県商工団体連合会――理不尽な不信任に審判を下す選挙ということがよくわかった。ますますきびしい不況の中で、変わり始めた県政をさらに前進させたい。

女性団体の新日本婦人の会――乳幼児医療費の窓口無料化が、本来なら知事の決断で今年から実施されるはずだったのに、市町村長会の横ヤリが入り、自動給付方式などと迷走している。お母さんたちの要望実現のためにも、県政の流れを後戻りさせてはいけない。

保育問題連絡協議会――子どもの健やかな育ちの環境がきびしくなっており、国の基準では一歳児六人に保育士一人で、とても十分な保育ができず、長年保育士の配置基準を改善してほしいと要望してきたが、全国に先がけて、今年から一歳児四人に保育士一人と配置基準が改善された。現場の小さな声にも耳を傾けてくれるようになった県政の変化を感じる。

以上のような発言が続き、「平和にとって重大な有事法制の問題でも、全国の知事の中で一番きっぱりと反対を表明していて信頼できる」という発言も含め、結局、不信任を強行した県議会の多数派が、田中前知事の資質や手法について、「独善的で、一部の者の意見しか聞かない」「改革と言いながらこわすだけで何もしない」と主張していることが、事実に照らして根拠のないものだということが証明された結果となった。いろんな人の意見を聞いて改めて、一年八カ月のわずかの間に田中県政が手をつけた「改革」の中身が大きなものだったことに気がついた。

「県民の会」は、参加団体がそれぞれ自主的に、自由闊達に田中康夫氏の支援をしていこうということを確認した。

## 田中前知事、正式出馬表明〈7月24日〉

田中前知事が、県議会の不信任を受けて失職したことにともなう今回の県知事選挙に正式に出馬することを、今夜軽井沢で開かれた支援者の集会で表明したことが報道された。一部マスコミ報道によれば、産経新聞論説副委員長の花岡信昭氏が、明日立候補表明するとされているし、弁護士の長谷川敬子氏も立候補の意欲を示している。

今日は、おりからのＩＴ不況を理由として、長野工場の従業員二〇〇〇人全員を希望退職の対象にしたと言われる富士通のリストラ問題で、長野市商工部長、長野商工会議所専務らと日本共産党調査団として懇談した。すでに、私たちのところにも多くの社員から、今後の身のふり方や会社の方針についての不安の訴えのメールやお手紙が来ている。技術開発や設計部門だけを基本的に残して、製造部門は労働力が安く確保できるという東南アジアをはじめとする海外に求めていくという数年前からの企業の方針から、今日の事態は容易に想像はできたことだが、やはり身近なところで現実の問題となると、一人ひとりの人間とその家族の人生設計にかかわる問題だけに、深刻である。

この種の問題になると、いつも悲しく思うのは、労働基準局もハローワーク（職業安定所）も、みんな国の機関であり、県などの地方自治体には企業の解雇規制や雇用義務のための権限がないことである。本来責任を負うべき国政が、いかに国民本位でなく、大手企業のやりたい放題が野放しになっているかを思い知らされる問題でもある。国民のくらし最優先の政治を、国でも地方でも、真剣に作り上げていかなくては。

## 富士通の大量リストラに対して、副知事に申し入れ〈7月29日〉

富士通長野工場は、私の家からも車で二、三分。その長野工場二〇〇〇人と須坂工場一〇〇〇人の従業員全員を対象にした大規模な希望退職募集が始まった。

今回の早期退職募集は、プリント基盤部門の全社的な再編を理由にしているが、大型コンピューターの記憶装置部門や管理部門も含め、全従業員が原則として応募を求められている。一部の人を除いて、会社に残るという選択肢はなく、ほとんどの人は希望退職に応じるか、関連会社や新会社への転籍を選択しなければならない。関連会社の雇用形態は契約社員か登録派遣社員という不安定な身分で、賃金も大幅に低下する。新会社も「交代勤務や変形労働時間制など柔軟に変更し、変更にあたって個別協議を行わない」などときびしい労働条件である。

日本共産党長野県委員会は、この問題で中野早苗さんを本部長とする対策本部を設置し、従業員の皆さん、長野市、須坂市の商工部、両商工会議所、ハローワークなどの関係機関との懇談を重ねてきた。須坂・長野両工場の門前で、「個別面談一〇の心得」などを掲載したビラ配布も行った。このビラは大変好評で、ほとんど全員が受け取り、下請け関連企業の労働者から「うちの工場の門前でも配ってくれ」との電話があり、近く、その工場門前でも配布する。

今日はこの問題で、阿部守一副知事に申し入れを行った。阿部副知事は「富士通から話を聞いておしまい、とはしない。きちんと対応したい」と語り、県として、①富士通に対し、リストラ計画の公表と雇用確保、関連企業への配慮をするよう求めた。②関係自治体や信用保証協会などに関連企業の資金繰りに配慮してほしいと商工部長名で通達を出した。③長野労働局労働部長に雇用確保の具体的対応を要請し、長野地方事務所商工課と関係ハローワークで発足した連絡会議でも連携して対応していく、などを明らかにした。

私たちは、最大限の積極的な対応を改めて要請した。今回の事態で、人生設計が大きく狂ってしまう人たちが出るはず。被害を最小限にくいとめる努力を強めたいと思う。

翌日の夕方、富士通の労働者の方からお電話があった。

……今日、会社の個別面談があり、三五カ月の割増賃金の退職金は特別な優遇措置だと言われたこと、「単身赴任もやむを得ない」と切り出すと、「あなたにはその道は残されていない」と言われ、今日は返事をしなかったこと、家族と自分の人生がかかっている……とのことだった。

精一杯のご相談にのること、あきらめずにがんばってほしいとお話しし、連絡先をお聞きして電話を切った。

## いつか来た道？ 〈7月31日〉

県知事選挙を議題に、長野県市長会の会議が開かれ、県下一七市のうち一三市の市長が集まり、「市長会として候補者を決めず、個々の立場で（反田中の）候補者を推す」ことを確認したことが報道された（本日付『信濃毎日新聞』）。もともと選挙は、個々に、自分の支持する候補者を応援することが普通であり、そんなことを市長会で話し合うこと自体がおかしいことだけれど、民主的な装いを凝らしながら、「反田中」だけは確認するあたりに本音が見え見え。

県民の自由な選択にとって、このような動きこそ、「余計なお世話」だし、本来やってはならないことだ。その点、中野市の綿貫隆夫市長が、「市民に与える影響が大きいし、参加しない」と判断したことは、当然のこととは言え、またしても始まった異常な動きの中では勇気ある賢明な判断だ。

またしても……というのは、前回田中氏が当選した県知事選挙では、県議会の日本共産党以外の全会派と市町村長会、そして県庁ぐるみのまさに「翼賛体制」で、池田典隆副知事を知事にしようという選挙戦が行われ、県民はそれをきっぱり拒否したのだった。

今回、その失敗を繰り返さないようにということで、表向き、県議会の各会派や市長会は動かない、と言ってはいるが、近々出馬表明の予定と伝えられる女性弁護士が各地で招かれている集会は、各市長の後援会や不信任を推進した県議の後援会の女性たちが中心になっていて、これも意図は見え見え。

そもそも、彼女に最初に立候補を要請した女性グループなるものの中心になった女性たちは、夫が吉村午良元知事の顧問弁護士だとか、女性労働者差別事件で大きなたたかいになった丸子警報機の会社側弁護士だったり、また、田中知事に最も批判的な姿勢をとり続けている有賀正松本市長の後援会の女性だったり……である。

結局、隠しても隠しても見えてくる、市長会ぐるみのお膳立てと、県議会多数派の影。前回選挙の反省はまったくなく、「いつか来た道」を、性懲りもなく、またしても彼らは進もうというのだろうか。

## 理解に苦しむ「連合」の長谷川氏推薦〈8月1日〉

前回の知事選では田中康夫氏を支援した「連合」が、まだ正式に出馬表明もしていない弁護士の長谷川敬子さんの支援を早々と表明した。市民グループや女性グループ（？）に出馬を要請されて、悩みながら決意を固めつつあるはずの女性弁護士が、まだ正式な出馬表明もしていないのに、「連合」に推薦依頼を出し、依頼を受けた「連合」は、翌日には三役会議で「推薦の方向」を決定するという手回しのよさ。選対本部はすでにできていて、そこの誰かが描いたシナリオで、彼女は日程をこなし、演じている、というところだろう。

私も何人かの人から、「なぜ、今回は『連合』が田中さんを推薦しないの？」という質問を受けた。その理由が、田中前知事が、これまで『連合』が独占していた地方労働委員会の労働者委員（五名）のうち一名を長野県労働組合連合会（県労連）からも選んだ（三六ページ参照）からだと思われる、と話すと、相手はみんなびっくりする。「公正な労働行政をしようという田中知事に、それでは応援しないっていう態度はなに？」「そんなことで、労働者の権利が守れるの？　それで、労働組合って言えるの？」

地方労働委員会の労働者委員の人選を公正に、という要望は全国的に出ているが、なかなか改善されない。全国的にも、沖縄、高知などまだ数少ない県でしか県労連からの委員は選任されていない。公正にすることが大切だという感覚の知事はまだまだ少なく、公正にしたいと思っても、さまざまな抵抗や圧力がある。高知県の橋本大二郎知事でさえ、県労連からの労働者委員の選任には三年かかったと言われている。

長野県でも、田中知事が改善の意向をしめしたとたんに、なんと「連合」の中央本部から、笹森清会長までやってきて、事実上の圧力をかけた。「そのようなことでは、もうあなたを選挙で支援できませんよ」と。しかし田中知事は、「選挙で支援してもらったとか、支援してもらうとかいう問題とこの問題は別」と、きっぱりと公正な人事をつらぬいた。なかなかできないことである。田中康夫氏の知事としての資質をあれこれ言う人は、この問題で公正さをつらぬいた田中康夫氏の正義の姿勢をぜひ正確に見てほしい。

県民との直接対話とガラス張りの開かれた県政を進めたからこそ、自分たちの存在意義を否定されたと考えた県議会多数派によって不信任を突きつけられた田中康夫氏は、地方労働委員会の労働者委員の人選を公正に行ったために「連合」の支援を失った。理不尽な不信任に怒りをもった多くの心ある県民は、「連合」所属の組合員も含めて、理不尽な「連合」の田中氏不支持、長谷川氏支援に疑問を感じるだろう。

「連合」が前回支援した田中康夫氏を今回支援しない理由は何か。また、今回の不信任について どう考えているのか。少なくとも、この二点についての組合員への明確な説明なしに――、

①県内在住で県関係の委員なども務めており、県の事情に精通している。

②「連合」が活動の柱の一つにしている男女共同参画の推進に熱心。

③「連合」加盟労組が学習会の講師に招くなどの交流があった。

などという理由で長谷川氏の支援にまわるということが、果たして心ある組合員に理解されるのだろうか。不信任を押しつけた県政会などの議会多数派と一緒になって、県政の改革を後戻りさせる労働組合っていったい何なんだろうかと、理解に苦しむ。

昨日は、木島日出夫衆院議員をはじめとする三人の日本共産党国会議員が、東京・千代田区の富士通本社へ今回の長野工場や須坂工場での三〇〇〇人にも及ぶ大量リストラ問題で調査・懇談に訪れた。応対した岡田恭彦執行役は、「あくまでも従業員の自由意志を尊重している」「早期退職募集は退職強要ではない」と説明し、木島氏らが「早期退職に手をあげなければ、現在の仕事に残れるのか」と問いただすと、「そうです」と答えたとのこと。

しかし、現実に私たちのところに相談に訪れる従業員の皆さんからは、「契約・派遣社員になって子会社か新会社に行くか、早期退職かの二者択一の道が迫られている」との訴えを聞いている。

このようなときにこそがんばらなければならないのが、労働組合である「連合」の役割ではない

のだろうか。

## 長谷川敬子氏、出馬表明〈8月2日〉

本日正式に知事選への出馬表明をした長谷川敬子氏に、新聞『赤旗』の長谷川記者が、いわゆる「ぶら下がり」取材で、「今回の不信任については、どう思いますか」と聞くと、彼女は「反対です」と答えたそうだ。では、なぜ、立候補？　不信任に反対しながら、不当な不信任で知事の職を奪われた田中氏の対抗馬として立候補する……そのことに矛盾を感じない神経が、どう考えても、私にはわからない。弁護士さんの世界では、通用することなのだろうか。

もともと長谷川氏は、吉村知事時代に県の各種審議会委員などを歴任し、吉村県政を支えてきた人。県の「公共事業評価監視委員会」のメンバーとして、行政をチェックするどころか、浅川ダム、下諏訪ダムをはじめ、吉村知事時代の無駄な公共事業をすべて無批判に認めてきた人。浅川ダムの問題では、住民の意見陳述も認めず、安全性についても県の説明を鵜呑みにして「安全である」と結論づけたことへの反省は聞かれない。

「前知事が理念として示した改革は後退させるつもりはない。そうした理念を対話によって実現させていく」などと語っているが、吉村県政を支えてきた彼女と田中氏の「改革」が同じ理念のものとは、私には思えない。

彼女に出馬を要請したと言われる市民グループ、女性グループなるものが、今まで実態として活動していたということは聞いていないし、メンバーはみんな県政会の県議や吉村元知事、松本、駒ヶ根などの市長の後援会メンバーが中心。表向き、県政会などの県議が表面に出ないようにしているだけで、不信任推進派県議と市町村長会などの翼賛体制による前回の池田副知事の選挙態勢に、今回は「連合」まで加わって、県政を吉村時代に戻そうというのだろうか。

事実上の「反田中、知事選対策会議」である「長野県知事を考える市長の会」に、市長たちが公用車を使って参加したことに対し、長野市、松本市、岡谷市、伊那市などへ日本共産党市議団などが抗議したが、「以後、誤解のないように気をつけたい」と答えたのは伊那市くらいで、あとは、何の反省もなし。こんな感覚の市長たちが、「民意」を代表していると言われても、県民は納得しないだろう。

下伊那郡区から、県議補選に立候補する木下まさいくさん（中央）の応援演説会（左端が著者）

## 長谷川敬子さんの感覚〈8月3日〉

今日は、下伊那郡区から、県議補選に立候補する木下まさいくさんの応援もかねての演説会。

木下さんは、幼い頃に脳性小児麻痺をわずらい、そのため今でもお話しをするときにやや障害の後遺症を感じるが、大変なご苦労と努力と、たくさんの心温かい人たちとの出会いを得て、二〇代で喬木《たかぎ》村の日本共産党の村会議員になり、現在九期目、多くの人の人望を集めて副議長も務めている。また、畜産農家としてもがんばってきた人で、ＢＳＥ（牛海綿状脳症）の問題が出たときには、郡下の農家をまわって激励しながら実情を聞いて歩き、私たちも一緒に、県への申し入れも行った。田中知事は、国に先駆けての無利子融資を決断し、長野県産牛肉の安全性と生産履歴を明らかにする「安心シール」を実施して、「安心シール」を貼った長野県産牛肉は、他のものよりも三割売り上げも伸びたことなどが、ＮＨＫの全国番組でも紹介された。

下伊那郡は飯田市と隣りあわせでもあり、飯田市から県知事選挙に出馬を表明した長谷川敬子さんへの関心も高いことから、私は、吉村知事時代に、県の各種審議会委員を務めてきた彼女の行政感覚について考える上でも、改めて、彼女が委員だった公共事業評価監視委員会の議事録に目を通してみた。以前、『読売新聞』の「田中県政への提言」で、彼女は「治水・利水検討委員会の議論は、評価監視委員会で話し合ってきたことのくりかえし。いったいわれわれは何をしてきたのかという気がする」と田中康夫氏のやり方に疑問を投げかけていた（二〇〇一年八月一日付）。お断りしておくが、治水・利水ダム等検討委員会は、議員提案で設置されたものであり、知事が作ったものではない。したがって、この委員会への批判を直接田中氏批判に結びつけることには、無理はあるのは否めない。

しかも、議員提案のこの委員会の人選にあたり、田中知事は、入れなければならない県議は、異なる意見を持つ全会派から入れた。委員会はすべて公開で、傍聴者にも、資料は配布された。委員会のもとに設置された流域部会は、賛否両論の住民が公募で参加した。

それに対し、彼女が委員をしていた公共事業評価監視委員会はどうだったか。非公開で、浅川ダム問題での住民の意見陳述さえ認めなかった。議事録を読めば（この議事録も発言者の名前を伏せた覆面議事録である）、委員会の審議を公開するのかしないのか、このことだけで審議が明け暮れて、一回の委員会のすべての審議が公開問題だけで事実上終わっている日もある。しかもその日の結論は、「マスコミのみに公開、傍聴は認めない」というものである。

一九九八年には二回、九九年は五回、二〇〇〇年は四回しか開かれていない公共事業評価監視委員会に比べ、治水・利水ダム等検討委員会はこの一年間に一五回、そして検討委員会のメンバーが分担して参加している流域部会は、浅川部会・砥川部会とも、それぞれ一三回ずつ開き、毎週のように週末をつぶして、朝から晩まで、実に精力的な審議を重ねたのである。審議時間、その内容、ともに比較にはならない。

さらに驚くべきことには、彼女が委員を務めていた公共事業評価監視委員会は「監視」とは事実上、名ばかりで、一九九八年には、土木・農政・林務の各部局が見直し対象にした一七三事業（浅川・下諏訪ダムを含む）について検討し、一事業を除いて一七二事業を継続と答申した。浅川ダム・下諏訪ダムについては「各事業が早期に完成されるよう努力されたい」「すみやかに事業を進められたい」という意見書を一人の委員の反対もなく決めている驚くべきノーチェックぶりだ。

治水・利水ダム等検討委員会のこの間の審議の中で、専門家会員の献身的な調査や貢献、住民委員の事実と経験にもとづくさまざまな指摘などにより、新たな事実が次々に判明してきている。
●浅川ダムでは、ダムサイトを横切る活断層の存在が確認された。
●郷士沢《ごうしざわ》ダムでは、実測してみたら、図面に記されているよりも川幅が約二メートルも広いことがわかり、溢れるはずの水は、溢れそうもない計算になることが判明した。
●黒沢ダムでも、調査してみたら、足りないはずの地下水は豊富にあることがわかった。
●蓼科《たてしな》ダムでは、下流の合流点の流下能力（流すことができる水の量）が、実際に計ってみたら、従来の数字より多く流れることがわかり、「間違いでした」と、簡単に数字が修正された。
ほとんどが、「文献調査」という名の地図上での計算だけで計画を立てていた結果だが、それを確かめることもせず監視委員会は「促進するように……」という態度をとった。もし検討委員会ができなかったら、田中県政にならなかったら、いいかげんきわまりないこれらの計画がまかり通って、莫大な無駄遣いをしてダムが造られつづけていたことになる。

## 長谷川敬子さんの大うそ〈8月6日〉

今日は、一二月の制定に向けて準備している「長野県男女共同参画推進基本条例」（仮称）の素案について、午前中に事業者への説明会、午後は県庁講堂で県民の皆さんからご意見を聞く県民フォーラムがあり、私も制定準備を進めている調査会の一員として参加した。

午前中の事業者への説明会で、面白い場面があった。出席していた県の経営者協会事務局長のS氏から、条例を実効あるものにするための苦情処理機関である「監視委員会」について質問があった。「『監視』というきびしい表現はいかがなものか。事業者を信用していないのか」という趣旨の……。

この種の質問は、各地で開いてきた県民の皆さんのご意見を聞く県民フォーラムでも出ていることなので、そう不思議なことではないのだが、男女共同参画課の課長が、「監視されるのは事業者や県民ではなくて、県自身なんです。県が条令の精神にそって、きちんと対応しているかどうかを第三者機関が監視するのです」と説明したときのS氏の反応が面白かった。

自分の勘違いに気がついたS氏は「ああ、県が監視されるんですか。そうですか。えっ、じゃあ、あの金子八郎さんが委員長をしていた公共事業の監視委員会っていうのも、県を監視する委員会だったの?」という質問に、当然のことながら「はい、そうです。県を監視するんです」というやりとりになったわけだけれど、やっぱり実態として、今までの公共事業評価監視委員会が県の公共事業を県民の立場で監視していたとは言えないわけだから、これはすごく皮肉。

さて、その公共事業評価監視委員会の委員だった上に、今回の知事選挙に正式に出馬表明した長谷川敬子さんのいいかげんさに、私はとても驚いている。それは、元社会党の長野市会議員だった倉島貞之氏が共産党の事務所へ、「長谷川さんが本当にひどいことをいっている。何とかしてほしい」とお電話をくださったことで、私も知ったことだが、なんと彼女は松本での出馬表明の集会の場で、浅川ダム建設続行の見解を示し、根拠のない補償金について断定的に述べているのだ。『日刊スポーツ』（八月三日付）によれば、「浅川ダムについては『（工事中断による）補償金は一日約一〇〇万円、一カ月で三〇〇〇万円以上になる。財政窮乏の折に無駄なお金を支払い続けている』ときっぱり。『期限を切って、前に進めたい』と、建設続行をほのめかした」とされている。

浅川ダムの一時中止に伴う業者への賠償金は、六月補正予算でも承認されて支払われたが、二〇〇一年度分で約一四〇〇万円程度。いったいどこから「一日約一〇〇万円」などという途方もない数字が出てくるのだろう。ちなみに土木部に改めて問い合わせてみたが、「えっ、一日一〇〇万円、そんなことは絶対にありません」というのが土木技監さんのお答え。一年間で一四〇〇万円と一カ月で三〇〇〇万円では、違いがあまりにも大きすぎて、「うそも休み休み言って！」と言いたくなる。

もっとも、県政会の大幹部、石田治一郎さんでさえ、自分の署名入りの文書で、「浅川ダムの契約を解除すると一三億円払わなければならない」なんて、平気で根拠のないうそを書いて配っているのだから、この人たちをはじめとする不信任推進派がブレーンでは、お粗末きわまりないのも仕方のないことかもしれないけれど。

この一三億円の問題は、私が土木委員会の質問で、全国にそんな事例も、判例も、法的根拠もないことをすでに確認済みだし、その時、県政会の土木委員で、今回の県政会のいいかげんな試算の算出者であるH県議も「根拠のないことは認めますよ」と言わざるを得なかったものだ。不信任推進派の県議たちは、この問題に限らず、どんなに論破され、決着がついている問題でも、平気でこのように田中前知事のダメージになりさえすれば……という態度で根拠のない数字を（はっきり言えばうそを）、くりかえし使う。この県議たちの資質こそ、県民を惑わすものであり、議員失格ではないだろうか。論戦は、事実にもとづいて正々堂々と！

マスコミ、特に地元大手新聞『信濃毎日新聞』の最近の〝県政会新聞〟ぶりには情けない思いだけれど、『日刊スポーツ』でさえ伝えた真実を、なぜ書かないのか。念のため、『日刊スポーツ』に問い合わせると、「すべて、長谷川さんご本人が言った通りです」とのこと。

同じ日の同じ場面を『信毎』はこう伝えている。

「県営浅川ダム（長野市）などについては『県は工事中断で賠償金を払っており、期限を切って早い時期に結論を出さないといけない』と述べ、建設の是非には踏み込まなかった」

『日刊スポーツ』との違いは、うそとすぐばれる賠償金の金額を意識的に（?）落としていることと、「前に進めたい」という建設容認と受け取れる表現を、「踏み込まなかった」と解釈していること。

事実が正しく伝わらないことに悲しい思いの毎日だけれど、だからこそ、ささやかでも、そして少なくとも、私たちは事実を、一人でも多くの人たちに語っていかなくては。

## 公正な選挙を行う「声明」を発表〈8月12日〉

最近頻繁に繰り返される長谷川陣営の虚偽の数字・データの公表と、それを使っての田中前知事への攻撃は目にあまるものがあり、昨日も臼田コスモホールでの長谷川さんの集会で、主任弁士のA氏は、またしても浅川ダムの賠償金が「一日八〇万円から一〇〇万円」と主張した。長谷川さん本人は「一日一〇〇万円、一カ月で三〇〇〇万円」と言い、田中前知事の元秘書の杉原佳尭氏は「一日二〇〇万円」「一カ月で一八〇〇万円（?・）」と意味不明の講演（八月六日、伊那市・JA上伊那本所）をし、A氏は「一日八〇万円から一〇〇万円」という。

実際に業者に支払ったのは、昨年一年間で約一四〇〇万円。田中前知事を攻撃しようという意図だけが先走り、いいかげんな誇大宣伝が、陣営の中でも「大げさであればよい」かのように、違った数字が乱れ飛ぶ。もう、いいかげんにしてほしい。

公職選挙法二三五条は、「当選させない目的で、候補者になろうとするものについて、虚偽の事項を公表し、また事実をゆがめて公表したとき」は、罰則を設けて固く禁止するとしている。

くりかえされる虚偽の数字の宣伝、田中前知事の誹謗中傷的な内容の県政会の県議の議会報告の配布などの事態に、本日、日本共産党県委員会は、「県知事選挙を正々堂々たる政策論戦で行うことを求める声明」を、県庁の表現センターで記者会見して発表した。

「声明」の内容は、関係者が虚偽の内容を訂正すること、またも始まった大政翼賛型選挙をやめること。

前回の県知事選挙では、逮捕者まで出した県庁ぐるみ選挙、市町村長ぐるみ選挙が、県民のきびしい批判を浴びた。懲戒免職になった土木技監をはじめ、職員から処罰者を出し、塩尻市の助役が辞任した。今回の選挙では、「前回のやり方はまずい」と、表向き、「個人で」「個々で」「自主投票」で、と言っているだけで、事実上長谷川さんでいくということであり、結局、県庁ぐるみがなくなっただけで、前回同様の大政翼賛型選挙である。

そのイニシアチブをとっている一人、松本市の有賀正市長は、市長会を「市長の会」と名前を変えただけの、「反田中・長谷川を個々で支持」を決めた会議に、「公務であり、公用車を使うのは当たり前」という態度で、公的な会合において参加者に田中前知事批判の印刷物を勤務中の職員に配布させている。

町村議会議長会は、「全員が……長谷川敬子氏が望ましいとの見解から個々で支援することを確認した」として、各町村議会議長に公文書で要請し、浅科《あさしな》村議会では、全員協議会で長谷川氏の経歴書の配布がされた。北佐久《さく》郡町村議会議長名の「組織として支援することなく議員個々がそれぞれの判断において、お力添えをお願い申し上げます」という文書とともに。

飯田市の常盤台《ときわだい》団地では、長谷川氏支援の集会の案内を自治会組織の回覧板を使って回していることも報告されている。

「個々で」「個々で」とアリバイ的に表面を取りつくろっているだけの、結局、前回同様の大政翼賛型選挙がまかり通っている。田中前知事に対し、「手法が独善的」「稚拙」などと批判を集中している不信任推進派の県議たちは、実は自分たちこそが、何の反省もなく、前回同様の大政翼賛型選挙を、「独善的」「稚拙」に進めているのには、お気づきでないのだろうか。

正々堂々と政策論戦を行う公正な選挙を望みたいものだ。

夜の高山《たかやま》村での県政報告会は、あいにくのどしゃ降りの雨の中を集まってくださった皆さんとの懇談。私の中で、さまざまな思いが行きかい、いつもより、私の報告がだいぶ長くなってしまった。それでも、参加者から「私は土建業者だが、田中前知事が若いにもかかわらず哲学を持って公共事業を見直していることを評価する。林業重視も歓迎。私は共産党の支持者ではないが、今回の不信任に対してとった共産党の皆さんの態度には、全国の心ある人たちが拍手を送っているはず。金鵄勲章《きんしくんしょう》ものだ」などという発言もあって、励まされた。

## 事実に誠実に　〈8月13日〉

昨日の私たちの「声明」による指摘を受けて、知事選挙の候補者となる長谷川敬子さんが、浅川ダムの業者への賠償金の額を実際の金額より大幅に多く発言し、それを田中県政攻撃に使っていた問題で（数カ所の集会で数字をあげたが）、「再確認し、間違いだと気がついたので現在は触れていない」とコメントしたことが『信濃毎日新聞』に載っていた（八月一三日付）。

いよいよ選挙戦の告示を前にして、根拠のない数字が振りまかれ、他候補の攻撃に使われるという事態がこれで改まるのであれば、昨日の申し入れも意味のあることになり、うれしいことだ。

しかし、気がかりは、長谷川さんのコメントには、反省や謝罪がないこと。間違いに気がついたら、それを使わないのは当然のことだが、知事選挙の候補者としての彼女の発言を信じて聞かされた多くの人たちに、訂正した正しい数字を徹底することなど不可能なのだから、せめて、「充分確かめずに、間違った数字で他候補を批判し、多くの人にそれを語ってしまい、申し訳なかった」と言ってほしい。

さて、『信毎』の報道についてだが、私たちの「声明」のもう一つの重要なポイントである「大政翼賛型選挙を改める」という問題は、まったく報道されなかった。なんだか長谷川さんに言い訳の場所を与えるだけの記事になってしまったようだ。

## 花岡氏の出馬辞退　〈8月14日〉

いよいよ告示を明日に控え、なんと本日午後、知事選への立候補を予定していた花岡信昭氏が長谷川さんと政策協定を結んで出馬を辞退し、一本化するとの記者会見がされた。発表された政策協定は、その第一項目で「今回の長野県知事選挙の大義は、田中康夫氏の再選阻止、長野県からの退場である」とされている。県民にとって、かつてなく県政を身近なものにし、県民の目線での改革に取り組み始めた田中康夫氏に「長野県から出て行け」と。

しかもこの重大事態を長谷川さん本人は「今朝まで知らなかった」というのだから、私には彼女が不信任推進派のロボットに過ぎないように見えてしまう。記者会見の後の花岡氏と長谷川さんの握手の場面は、長谷川さんはとてもうれしそうにニコニコ、花岡氏はいつもよりつまらなそうな顔をしていて対照的だった。

長野市の長谷川事務所は、一階は一般の人向け、三階は県議会の不信任推進派など実質の選対本部になっているという情報がある。

県議会の不信任に賛成した三会派に社会県民連合を加えた四会派は、衆議院の選挙区ごとに連携して長谷川陣営の運動を進めることを確認し、長野、松本、上田では、これらの県議たちの朝食会が始まっているという。

長谷川さんと花岡氏の一本化に動いたのは長野市の鷲沢正一市長、とＳＢＣテレビ（信越放送）のニュースは報じていた。花岡氏の東京で開いた政治資金パーティーに、元首相の森喜朗氏が出席していたことからみれば、やはり自民党本部の関与は決定的だろうと思うが、いずれにしても不信任推進派の必死さが伝わってくる。

小川村などでは、なんと池田典隆元副知事まで出かけてきて、村長、助役、議長を集め、「長谷川氏をよろしく」と頼んだそうだ。私は、一昨日、県庁前の自民党県連のビルから、毛涯修元副知事が出てくるのも目撃した。まさに総力戦だ。

変わり始めた県政の流れを後戻りさせようという、大政翼賛型選挙に、県民の良識が負けるようなことがあってはならない。九月一日の投票日まで、勝利をめざして全力を尽くしたい。

## 歴史的な県知事選挙始まる〈8月15日〉

長野県にとっても、全国的にも、前代未聞の知事不信任を受けての歴史的な選挙がいよいよ告示された。私にとっても、告示日に、宣伝カーに乗ってマイクで有権者に訴えることはしないという、初めての新しい経験の選挙である。新しい時代に、新しい挑戦をし、新しい歴史を創っていくんだな、と思いながら、各地で行われた党と後援会の決起集会に参加した。

立候補は最終的に六名。朝の候補者の第一声は、それぞれ今回の選挙の特徴を良く示していたと思う。私は前知事と女性弁護士の二人の第一声をそれぞれテープで聞いたのだけれど、めざすべき、あるべき県政の考え方の対比がわかりやすい。

長くなるが、田中候補の「第一声」を引用しておく。

あまたの水源を擁《よう》する美しい長野県にお住まいの誠実で、勤勉で向上心にあふれる二二〇万県民のみなさん、私は、本日、長野県知事選に立候補いたしました田中康夫でございます。

思えば一年とちょうど一〇カ月前の一〇月一五日、わたくしは長野県の開かれた改革を願う多くの県民の方々とともに、そのお約束をした、開かれた長野県の県政改革を行うべく長野県知事に当選をし、以来一年一〇カ月近く、県内の各地へと出かけ多くの県民の方々とひざをつき合わせ、同じ目線で語り合い、そして一人ひとりの県民の思いが、願いが実現する長野県を形づくるべく、努力を重ねてまいりました。

しかしながら、ご存知のように、私は先の長野県議会において、長野県知事の職にはふさわしくないとして、不信任を提出され、そして、それは数多くの県会議員の賛成により、成立をいたしました。私自身は、公人でありましたから、私にいかなるヤジが飛ぼうとも、私の施策やその施策の実行に関してあらゆる非難を浴びようとも、それは県民のための奉仕者であった私にとっては、いずれも謙虚に受けとめ、さらなるよりよき、県政改革を行う上での、糧《かて》とすべきものではありました。

けれども日本全国から老若男女の方々から、注目されていたこの長野県が、そしてその長野県で意欲を持って生きる県民の方々もまた、ある意味では問答無用に近い不信任の成立のされ方と、それが私は長野県民の総意であるかのごとくに、受け取られた全国や全世界の方々がいらっしゃるとすれば、大変にそれは、私の不徳のいたすところであると同時に大変に悲しむべき、またそして、議場において、私とはちがって、質問に対して答弁をすることもあたわぬ多くの県民の方々にとってはまさしく無念な思いであったろう、そのように思っております。

お手元にお配りいたしましたように、私は一年八カ月あまり県知事としてさまざまな改革を行ってまいりました。

森林整備の予算の一・五倍への増額、あるいは多くの県民にとっての積年の願いでありました小学校における三〇人学級の導入、あるいは乳幼児の一歳児保育を、保育士の方を今までお一人の保育士が六名もの一歳児のお子さんをお世話をせざるを得なかった、こうした手薄だった福祉教育の予算を、一人の保育士の方が、これもまだ充分ではございませんが四人の一歳児のお子さんのお世話をする形へとあらためてきたこと。

さらには、公共事業の透明化をはかり、道路補修をはじめとする、生活に密着した事業を地元で誠実に着実に事業を営んでこられた長野県内の土木建設業の小さいけれども意欲のある方々に直接に入札に参加していただけるようにしたこと、これらはまさしく長野県をよりよく改革するために、私がみなさんとともに作り上げてきた一端でございます。

強大な権限をもつアメリカの大統領もまた、四年間という任期でその職責を果たしえたかどうか、国民の審判が下されるわけでございます。残念ながら、私は一年八カ月余という半分にも満たない期間をもって県知事として失格であると、県民の代表であられる県議会の方から退場を命ぜられました。

しかしながら私は、みなさんの奉仕者として、みなさんとともにこの始まりかけた長野県の開かれた改革を、さらに前へと推し進めねばならないと考え、本日立候補いたしました。長野県を夜明け前へと戻すことはできません。それは一人ひとりの心ある県民の偽《いつわ》らざる気持ちでありま す。そのために、私は「五直し」、皆様のお手元にお配り申し上げました「水直し、森直し、道直し」、さらには「街直し、田直し」、この五つの「五直し」を行うとともに、より改革をすすめるための「八つの宣言」をかかげて選挙戦を闘ってまいります。〈編集部注＝「五直し」「八つの宣言」については長野県公式ホームページ「チャンネルながの」の「長野県知事の田中康夫と申します。」〈http://www.pref.nagano.jp/hisyo/governor/governor.htm〉を参照〉

私が県知事に就任をし、そして初めて長野県議会の場で私の県政改革にかける決意のほどを述べた初日は、二年前の一二月八日でありました。一二月八日とは、この日本という社会が多くの市民の思いとは、正反対の勝利をおさめるはずもない、市民の幸福がもたらされるはずもない太平洋戦争へと、やみくもに突入をしたまさにその日でありました。そしてわたくしが県議会から退場を命ぜられ、そして、今日この場でみなさまとともに誓い合う新しい長野県のさらなる改革を踏み出す八月一五日という日は、日本が、日本の市民が、知らされるべき事実も知らされぬまま、多くの尊き命が失われた、二度と繰り返してはならない、悲しみを二度と繰り返してはならない、そうした歴史の過ちを心に一人ひとりがきざみこんだ八月一五日、終戦の記念日でありま す。

私は、繰り返しますが、市民不在のまま突撃をしていった太平洋戦争の開戦日に県議会に立ち、いま再び、歴史の悲しみを二度と繰り返してはならないと市民が誓い合った太平洋戦争の敗戦の日に県民に語りかける、これはまさに歴史の偶然を超えたものではなかろうかと思っております。

情報公開、説明責任、そして住民参加、これは本来あたりまえのことであります。にもかかわらずそのあたりまえのことが行われないまま、一人ひとりのまっとうに生きる市民が不在のまま、行われてきたことが数々の公共事業であり、今までの政治でありました。私は公共というものは、けっして一部の政官業といわれる自分の身の回りのことにしか、私利私欲にしか目を配らない政治家や産業や業界の三角形、利権構造の三角形が公共ではございません。公共とは、まさに一人ひとりまっとうに生きる市民のその集合体こそが公共であります。

そしてまた、政治とは密室のなかで、まさに森喜朗首相の擁立劇のように密室のなかで、料亭のなかで行われるようなものではなく、一人ひとりの市民に情報公開、説明責任、住民参加が、それがむしろあたりまえのことだとなる社会をとりもどすことこそが政治であります。

県議会議員、あるいは市町村長の方々、住民から直接選ばれたこうした方々のご意見もそれは一つの民意であります。けれども車座集会をはじめとするさまざまな場で、私に、そして私とともに語り合った市民の方々のご意見が、車座集会の場での意見は民意ではない、などとおっしゃる意見に、私はくみすることは断じてできないのであります。

願わくば、県知事でありました私の考えも一つの民意としてご尊重いただける社会であればと、ないものねだりを抱かぬわけではございませんが、しかしながら、くりかえしますが、民意とはまさに一人ひとりの市民の意見であります。にもかかわらず、一人ひとりの市民が知らない場所で、それどころか、当の当事者も、その直前まで知らないままに、根回しや、なかば談合と呼ぶに等しきことが行われる、こうした長野県ではあってはならないと、私は昨日、改めて心に刻みました。

私は、今回の県知事選もまた、挑戦者であると認識いたしております。前回の知事選は長野県の県民の思いとは裏腹に、極めて閉塞的な大政翼賛的な、大きな見える組織との、またその見える組織のなかで胸を張りつづける方々との闘いでありました。今回はあきらかにそこに大きな組織が見え、またそこに明らかに胸を張りつづける、おおよそ私からすれば、民意に耳を澄ましているとは到底思えぬ人々や組織が、にもかかわらず表に出ることもなく、見え隠れはすれども、私たち一人ひとりの市民には、明確には把握し得ぬ、大変にいまだ密室のかたちのものとの、見えざる敵との、私どもの挑戦であり闘いであると思っております。

この長野事務所の前にお集まりの皆様のみならず、松本の本部にも、そして各地にもいま、私のポスターをはるために町へ出、長野県が本来の長野県をとりもどさねばと願いながら、仕事や勉学やあるいはさまざまな活動にいそしまれている方々がいらっしゃいます。わたくしはそうした方々のみならず、今回の長野県知事選は全国の方が固唾《かたず》をのんで注目している選挙です。

私たちの日本という社会は、今日、食べるものは、冷蔵庫を開ければ、まだどこかには残っています。明日着る服もぜいたくを言わなければ、押入れの中にはもう一着は入っている。この地球の中には食うや食わずのきびしい生活をしていらっしゃる方々を思えば、私たちの社会は少しは恵まれた、物質的には、恵まれた社会です。

けれどもどうでしょう。多くの若者たちが日本というこの社会は息苦しいと、むしろ他の日本以外の場所に出かけたほうが人間らしく自分らしく生きられるのではないかと述べる、この閉塞感を私たちは、打ち破らねばならないのです。そしてそれは、冒頭で申し上げたこの日本列島の背骨に位置し、あまたの美しい水源を、美しい自然を、すばらしい農作物を、すばらしいものつくりの原点を、そして何よりも誠実で勤勉で向上心にあふれる二二〇万の県民が、二年前に心に決めた夜明け前からの脱却、今回多くの県民の強い意志によって全国に示さねばならないと私は思っております。

それは長野県で投票権を有さねど、けれども同じ思いで、一人ひとりのまさに気持ちが伝わり、そして実現する社会を願う、全国の方々に、私たち長野県民は、夏の暑い、まさに見えざる大きな組織や人々との闘いに、一人ひとりの純粋な、そして確たる思いをもって勝利をする、そのことによって、全国の多くの方々に、まだ私たちの社会はまだ捨てたものではない、人間というものは信じられるのだと、多くの希望と勇気をあたえ、長野県からはじまるまさに、市民による市民のための改革が広く伝播《でんぱ》することを私は願って、今回の県知事選の第一声とさせていただきます。

私たちは、挑戦をする相手が、断末魔のように自らがのた打ち回っていることも自覚せぬ、大きな組織や人々であろうとも、いささかもひるむ必要はないのです。いささかも、おそれる必要はないのです。なぜならば私たちこそが、ここにお集まりの方々だけではなく、この瞬間も県内各地で、まっとうに生きる人々の思いこそが、真実であり、そして実現されねばならぬことであるからです。どうぞみなさん。全国、そして世界から注目される真の民主主義の再構築を、私、長野県知事候補の田中康夫とともに歩み、そして、人間としての勝利を得ようではございませんか。どうぞよろしくおねがい申し上げます。

女性弁護士も、不信任の是非や改革への思いを第一声で語っている。「なぜ私が……決意にいたったか。それは、今の県政の現状を憂いたからです。長野県がかわいそうだと、そういう風に考えたからです。不信任決議に始まり、失職という手段を選ばれました。しかし、本来議会から不信任決議を突きつけられたのであれば、ご自分の中に反省点があったのであればよろしいのですけれども、そうでなかったら議会を解散すべきでございました。……そうでなくて失職という手段を取られたのであれば、再出馬すべきではありませんでした」と。

さらに、「いずれにしても、不信任を受け、解散をせずに、失職という手段を選んだことによって、本来、車の両輪とされる執行機関としての知事と、議事機関としての県議会のいわゆるねじれの関係がまったく解消されないまま、このまま続くことになってしまいます。今の県政のこういった混乱状態、混迷状態から救わなければ長野県は再生できないのではないかと、そういうふうに考えたわけです。私の目的は、県政の正常化と、そういうことになります。この目的はあまりに当たり前のことです。このあまりに当たり前のことをするために……わたしに対してご支援いただける方は非常に広範囲にのぼっています。……その根底には、私に対する信頼があることは間違いないんですけれども、本当に広範囲の方のご支持をいただいているということは、私にとって、ある意味ですね、とても心強いことです」と述べている。

最後は、「ごくあたりまえの正常な県政に戻すために、長野県の良識ある県民の皆様全員が私を支援してくださる、そういう闘いを私は考えています。他方ですね、これほどあらゆる方面の方から、協力をしていただくということは、非常にいろんな意見がかち合うということにもなるわけです。……今は、小異を捨てて大同に立たなければいけない、そういうときであります」と結んでいる。

この二つの第一声を対比してみると、今回の不信任の是非、県政のめざすべき姿を考える上で良い材料になる。違いがわかりやすい第一声だった。

## 結局、県議や首長が前面に〈8月18日〉

本日、日本共産党以外の県議会四会派が代表者会議を開き、今後は女性弁護士支援で街頭で応援演説に立つなど前面に出ることを確認したと、マスコミ関係者からの連絡が私にあった。

そこにいたる経過については、本日付『信濃毎日新聞』に詳しく報道されている。女性弁護士の後援会代表をつとめる（いつからかこうなったみたい?）連合長野会長の市川隆司氏が、昨日、市町村長や県議らに、今後は前面に出て支援するよう要請したとのこと。長野市内で、有賀正松本市長（長野県市長会長）、鷲沢正一長野市長、唐沢彦三小布施《おぶせ》町長（長野県町村会長）、石田治一郎・県政会名誉団長、浜万亀彦・社会県民連合団長らが出席して会合を開き、会議後の記者会見で、要請の受け入れが表明されている。

## 富士通の社会的責任〈8月21日〉

今年七月、富士通長野工場の二〇〇〇人と須坂工場の一〇〇〇人の事実上全員を対象に、いきなり八月九日を期限に希望退職か、関連会社や派遣会社への転籍かの選択を迫る「抜き打ちのリストラ」発表があった。

三五カ月分の加算金という名の退職金をもらって退職しても、その後の就職の保障はなく、関連会社・派遣会社への転籍は給料や労働条件の低下は免れず、それさえいつまで続くのかの保障もない。富士通の従業員と家族の皆さんに広がる不安……。

日本共産党はこの計画の発表後、中野早苗さんを本部長とする「富士通リストラ対策本部」を作った。長野、須坂両工場門前での従業員の皆さんへの激励ビラ配布、寄せられた相談への対応、富士通本社をはじめ、副知事、長野市、須坂市、商工会議所などへの要請なども行ってきた。

お盆休み明けの一九日の朝も、長野、須坂両工場前で対策本部のメンバーがビラ配布。小雨の中の訴えに、長野工場では午前七時から一時間余で一二〇〇枚のビラが受け取られ、会社側が門前に出したくずかごには一枚のビラも捨てられなかった。午前五時半からの須坂工場でのビラ配布には、「こんなに早くからありがとう」と感謝の声も。計画発表後、両工場の門前で配布したビラは、計四回で約一万枚。交代勤務で受け取れなかった人がまわし読みしたり、休憩室に置かれたり、家に持って帰って家族に見せたり。そのビラを見た従業員の方からの相談のお電話を私も受けた。

日本共産党対策本部のビラは、「冷静に考えよう、家族と生活を」、「個別面談一〇の心得」などを掲載。「今まで共産党は大嫌いだったけれど、ビラを何度も復唱して面接にのぞんだ」という人。「おかげで、息子はこの頃会社に、いやなことはいやと、『やめません』とはっきり言えるようになりました」という従業員の母親の話も。悩みぬいた末、退職の道を選んだある従業員の方は、「結果として退職の道を選ぶことにしたけれど、共産党の皆さんの今回の対応には、心から感謝している。決して忘れません。ありがとう」と、お電話をくださった。

でも……と、私は思う。労働組合って、こういうときに労働者の権利を守るためにあるんじゃないの？ この一大事に、少しも見えてこない富士通労働組合や、その上部団体の「連合」って、いったいその存在価値は何？

富士通は一昨年以降、二万人を超える人員削減を強行してきた。今回のリストラで、会社は赤字を主張しているけれど、早期退職などにあてる特別退職加算金や工場、営業所などの統廃合のコストなどリストラ費用を計上した「作られた赤字」が実態。まとめて赤字を計上した上で黒字へと「V字回復」をめざしている。ためこみ利益（内部留保）は一兆一八〇七億円（二〇〇一年三月期）あり（二〇〇一年三月有価証券報告書から試算〈大企業の内部留保「長野県版」――長野県労連発行〉）、「企業危機」とは無縁。

私たちもこの問題ではすでに、知事職務代理者である阿部守一副知事や、長野市、長野商工会議所、須坂市、須坂商工会議所に申し入れを行ってきたが、どんなに親切で柔軟な融資の制度を用意しても、それを利用するはずの下請け業者が現実にはここ数年で皆無に等しい状態になってしまっているほどのすざまじい海外移転だ。

私は各地の県政報告会でも、この問題にふれているが、結局、さらなる企業の利潤追求のために、生産拠点を労賃の安い海外に移していきたいという大企業の身勝手が主要な原因だ。ＥＵ諸国などではあたりまえになってきている国レベルでの「解雇規制法」の制定など、大企業の身勝手を許さない、国民生活最優先の立場に立った、国政の大きな転換こそ必要だ。

七月下旬、富士通関連緊急相談室を設置した須坂市では、昨日市議会の全会派代表者会議を開催。日本共産党市議から、三年前、岩手県で外資系電機メーカーのフィリップス社が釜石工場を閉鎖した際、「最後の一人まで、会社に面倒をみさせた」経験を紹介。「市として富士通の社会的責任を果たさせる必要があるのではないか」という意見で一致。本日、須坂市長、市議会議長、同経済文教委員会正副委員長、商工会議所会頭らが富士通本社へ出向き、秋草直之会長に須坂工場の存続を求める要望書を提出することになった。

雇用、景気の問題もますます重要な政治課題。その真の原因をしっかりと見据えながら、県民の暮らしを守る県政を実現していかなければならない。

## 県議補選始まる〈8月23日〉

県知事選挙に続いて、上田市、下伊那郡の欠員（それぞれ一名）を埋める県会議員補欠選挙が告示された。

私は、不信任可決後の各地の県政報告会で、折にふれて「県知事選挙はふってわいた災難。県議補選はふってわいたチャンス」と語ってきた。それぞれ定数一で、決して甘くはないが、現在五名の日本共産党県議団が六名以上になれば、議会規則に基づく正式な交渉会派になり、代表質問権や議案提案権を持ち、全常任委員会に議席を占められることにもなり、議会の力関係を大きく変えることになるからだ。議会の民主的な運営の前進や、県民要望実現のために、今まで以上に影響力をもつことができる。

長野県議会の歴史をたどってみると、一九六三年、日本共産党の松田晴男氏（上伊那郡区）が当選し、共産党が初めて議席を持った年の五月、自民党をはじめとする各会派は、共産党の締め出しをねらって、「各派交渉会規約第八条」を不当にも削除した。同条は「党派を有しない議員および五人以下の党派は、それぞれその中の一人を各派交渉会に出席せしめることができる」となっていた。つまり、交渉会派は六人だけれど、五人以下の会派も交渉会に出席できるという民主的運営条項を削除したのだ。

さらに、日本共産党県議団が二人になった四年後の一九六七年六月議会では、議運委員長であった当時の社会党臼田潔県議から会議規則の一部改正案が提出され、日本共産党県議団だけの反対で可決している。

「改正」の中身は——

①これまで議案の発議および動議の提出は一人以上の賛成でよかったものを「五人以上の賛成を要すること」と変えたこと。

②議員の発言中でも、緊急と認めた場合はその発言を抑え、他の議員が発言できること。

③これまで時間制限のなかった質問時間を、交渉会派が行う代表質問は従来どおりとし、一般質問は代表者一五分、以下一人六分と制限すること。

などである。

この一九六七年の「改正」のとき、当時、県評議長だった清水勇氏などが抗議の談話を出し、日本共産党も「議会制民主主義を破壊する陰謀に反対する声明」を出している。

一九七一年に三人になった日本共産党県議団は各派交渉会規約第八条の復活と議会運営委員会を全会派の議員で構成することを要求したが、認められなかった。しかし、各派交渉会へのオブザーバー参加は認められた。

私が県会議員になった一一年前、一九九一年には、またしてもオブザーバー参加さえ認めていなかったから、多分三人から二人になったときに変えたのかもしれない。

以上が歴史的な経過だが、あの手この手で多数会派に都合よく会議規則を「改正」してきたことがわかる。全国的にも、前回の県議選で前進した神奈川県などで、日本共産党県議団が増えたら交渉会派の数を増やす「改正」を行って、交渉会派にさせないということが、最近も起こっている。

不当な民主主義の後退を許さないこと。何よりも、言いがかりのつけられない前進を、わたしたちみずからが切り開くこと。そんな思いを込めて、今日は県議補選に立候補した高村京子さんの応援のために上田市へ。

## 県民の思いはさまざま 〈8月27日〉

今日は、私の地元の後援会の皆さんなどに、支持を広げていただくお願いにまわる。ニュースによれば、富士通の長野工場、須坂工場の今回のリストラで、一七二〇名という当初の予想を上回る大量の離職者が出た。私のところにも、そのことに関わるいくつかのご相談がある。親のリストラや配転にともなって、転校や編入など、人生をふりまわされる子どもたちに関わるご相談は、とりわけ胸が痛む。この問題を今回の知事選の中で取り上げて、県が予算を組んで、他県から企業誘致をしてこないからだ、このままでは企業がみんな他県に行ってしまうなどと主張している陣営があるが、事実をきちんと調べてから、ものを言ってほしい。

県商工部まとめの「二〇〇〇年工場立地動向調査結果」では、この年、企業が一〇〇〇平方メートル以上の土地を工場建設を目的に取得したり、借りたりした件数は前年比六七・九％の増加で、四七件中五件が県外企業だ。二〇〇一年度も四七件中県外企業が六件、長野県に工場立地を進めている。

今回の富士通の大量リストラは、県と県とが企業に有利な条件を出して誘致合戦をすれば解決するという問題ではない。現に富士通は、不況とは言え一兆円を超える内部留保がある（一七二ページ参照）。従業員をリストラしなければ倒産してしまうということではなく、今まで以上の利益をあげていくために、技術開発と設計部門を基本的に日本に残すだけで、製造部門は労働力の安い東南アジアに移していくという海外進出の結果の犠牲だ。

田中前知事は、県内企業の海外進出の手助けをする「露払い」との批判もあった長野県海外駐在員事務所について、二〇〇一年度末でロサンゼルス、ルッセルドルフを廃止。バンコク、上海の長野県事務所についても、企業の海外進出のためというよりは、長野県産農産物をはじめとする長野県の生産物の新たな市場開拓に位置づける業務内容の見直しを始めていた。

大企業の身勝手な海外進出を許さず、その社会的責任を果たさせて、国民生活最優先の政治にしていくためには、何よりも大企業べったりの自民党政治、国政の変革が求められている。県民生活を守る立場から、国政にも、大企業にも、堂々と物の言える県政であってほしい。

世論調査の結果によれば、県政に県民が求めるもののトップは「雇用・景気対策」。県会議員たちの身勝手から知事を不信任に追い込んで、県政に混乱を持ち込むのはもうやめて、真剣に取り組まなくてはならない重い課題だ。

## 悲しみを乗り越えて〈8月29日〉

上田市の県会議員補欠選挙の候補者・高村京子さんは、昨日お母さんが亡くなった。彼女のお母さんは夫を赤紙で戦争にとられ、夫はサイパンで戦死した。当然のことのように婚家の嫁として残り、やがて八歳年下の夫の弟と再婚し、彼女が生まれた。あの戦争の被害者であり、戦前戦後の日本を苦労して生き抜いてきた人。

私はふと、小学校のときの大好きだった担任の先生を思い出した。学校のすぐそばの農家の土蔵を借りて、奥さんや子どもたちとそこに住んでいたその先生は、休日などに私たちクラスの子どもたちを集めて、校庭につくった粘土を焼く窯で、クラスの子どもたちの作品を一緒に焼き、そのあと子どもたちをその土蔵の家に連れて行って、お餅やおやつをふるまってくれた。いま思えば、大勢の子どもたちが休日に押しかけ、迷惑この上ないはずなのに、いつも先生と奥さんは、当然のことのように、私たちにご馳走してくれた。

上田市区の県議補選の候補者・高村京子さん

その先生があるとき、私たちを前に戦争の話をした。その中で先生の奥さんは、戦死した先生のお兄さんの奥さんだったこと、先生には、結婚を約束した恋人がいたけれど、二人の結婚は許されないことだったことを話されたのだった。「俺の結婚は慈善事業のようなものだ。戦争のための人助けだ」。そんなことを小学生の私たちを前に話さなければならなかった先生のやり場のない悲しみに、私は子ども心に人の人生を狂わせる戦争の残酷さを憎んだ。

戦争の時代を生き抜いてきたお母さんの思いを受けとめて、何よりも平和な社会をと願って日本共産党員となってがんばってきた彼女が、選挙中にそのお母さんとの永遠のお別れをすることになってしまった。悲しみを乗り越えて、「知事の不信任はおかしい。あの県議会を変えたい。何も言えない傍聴席からではなく、今度は議場から、県民の皆さんの思いを代弁してがんばりたい」と、心からの訴えを続ける彼女を、なんとしても私たちの県議団に迎えたいものだ。

## いよいよ明日は投票日 〈8月31日〉

暑い夏の熱い闘いとなった県知事選挙と県議補選の投票日が、いよいよ明日に迫った。私は今日は一日、上田市で県議補選に立候補した高村京子さんの応援。

対立候補の石巻かずお陣営は、羽田孜衆議院議員の後援会「千曲会」が全面的に乗り出して、羽田氏の妻、息子の羽田雄一郎参議院議員夫妻など一族総動員で選挙戦を進めている。「日本共産党の議席が増えると、議会が混乱する」というのが、彼らの主張。しかし、誰が見ても、知事が変わってからの一年八カ月は、言いがかりをつけての審議中断や、県民が望んでもいないダムを何が何でもつくらせようという姿勢、あげくの果ての無理やりの不信任など、議会を混乱させてきたのは、県政会をはじめとする県議会多数派である。

さすがに、県民の批判を意識して、「当選したら県政会には当面所属しない」というのが面白い。県政会では、県民に拒否されることを、私たち以上にわかっているのだ。終盤の盛り上がりと期待は熱く燃え上がってきているが、対立候補をかつぎ出した陣営は、国会議員の後援会や「連合」、ＪＣ（青年会議所）などをフル動員して組織選挙を死に物狂いに展開している。組織の力が勝つか、一人ひとりの思いを広げる草の根の選挙が勝つかの闘いだ。

夜七時五〇分。街頭から宣伝カーで訴えられるのはあと一〇分という時、予定通り候補者カーは候補者の地元の商店街に到着。候補者、私、後援会長がそれぞれ最後の訴えとお礼を述べたところで、残り時間あと数分という時、それまで、私たちの周りをぐるぐる回りながら候補者名を連呼していた対立候補の宣伝カーは、突如、商店街の道路へ入ってきて、ちょうどこちらの候補者カーと道路の向こう側の聴衆を分断する形で割って入り、ボリュームをいっぱいに上げて名前の連呼を始めた。つづいて、「残りあと一分でございます。最後まで全力でがんばります」などと大音響をとどろかせ、おかげでこちらは、アナウンサーが、集まっていただいた方々にお礼を言って終わるという当たり前のこともできずに終わってしまった。最後の訴えに集まっていただいた約一二〇人の方々から、口々に「非常識だね」「選挙妨害だ」という声があがったが、この場面を見ただけでも、「停滞、混乱」を持ち込むのは誰なのかは明々白々。

知事選では、前知事を「勝手連」的に応援するという初めての経験。県議補欠選挙が同時に二カ所で行われ、県議会の力関係がどう変わるかも注目したい。この選挙の結果は、これからの県政や地方政治の行く末に大きな影響を与えるであろうことは確実。

全力でがんばった。新しい出会いや経験は、私の大切な財産になった。あとは、県民の良識に期待するのみ。

## 第Ⅲ部

# 田中知事再選・懲りない県議たち

再選後、共産党県議団控え室を訪れた田中康夫知事

## 県民の良識の勝利 〈9月1日〉

知事不信任で始まった長野県の暑い夏の熱い闘いは、田中康夫前知事の圧勝（八二万二八九七票、長谷川敬子氏は四〇万六五五九票）と、県議補選での上田市の高村京子さんの初当選、下伊那郡の木下まさいくさんは、同郡区の前回票を三倍にのばし（一万六六四二票）、得票率約三六％の健闘だったが残念ながら一歩及ばず（当選したのは吉田博美参議院議員の秘書だった佐藤友昭氏〈二万四二五二票〉）、という結果で終わった。

本当にうれしい。当選を祝しての乾杯で、田中康夫新知事は「長野県の着実なる改革のために！」と音頭をとった。選挙中の田中氏の「長野県の改革を夜明け前に後戻りさせてはならない」という呼びかけは、私を含め、多くの田中氏の再選を願ってがんばった者たちの思いでもあった。一人ひとりの、その思いを集めたがんばりで、長野県民は、また、新しい歴史の一ページを開いたのである。その県民の一人であることを、私は心から誇りに思う。

高村京子さんの当選で共産党議員は六人となり、私たちは念願の交渉会派になった。史上初めてのことである。困難な時代を乗り越えてがんばってきた先輩たちのご苦労と、それに続く民主主義の発展の歴史も、私たちが心ある県民の皆さんに支えられながら創ってきたものだ。

全県、全国の暖かい励ましをくださったすべての皆様に、心からの感謝と熱いエールを！

## 各会派の明暗さまざま〈9月2日〉

歴史的な勝利から一夜明け、県議会各会派の明暗さまざま。

県政会は明日の団会議で、今回の敗戦の責任をとって、役員の交代などを検討するとして、本日役員会。

「田中康夫氏が再選されたら辞職する」と公言していた二人の県議がそれぞれ辞職表明。下諏訪郡区選出の政信会の浜康幸県議は記者会見し、「辞職の時期は、役員などと相談してから決めたい」と。上伊那郡区選出の県民クラブの小田切行雄県議は、本日議長に辞表を提出し、受理された。団会議をするために集まっていた私たちの控え室にもあいさつにみえた小田切県議は、私の母校、伊那弥生が丘高校で教鞭をとっていたこともあり、何かと私にも同郷のよしみから声をかけてもくれた人だが、「おい、与党になっても、ちゃんとやれよ」と相変わらずの元気さ。「与党じゃありませんよ。是々非々です」と答えると、「そうかい」という声がさびしそうだった。彼こそ是々非々で、意見書や議案の採決にあたって、しばしば私たち日本共産党と一人だけ同一行動をとることもあった人だけに、八八歳の長老議員が辞職するにいたった今回の不信任劇の深刻さに心が痛む。もっとも、最後まで「不信任提出は正しかった」と主張していた点は共感できないが。

私たちは午後二時から団会議。上田市区から初当選した高村京子さんを花束でお迎えし、日本共産党県議団のHPのトップページ用の写真を全員が並んで撮影した。団会議では、今回の選挙戦の感想を出し合いながら、今月末にも招集される九月県議会に向けて、県民要望実現のために取り組んでいく、いくつかの課題などについて話し合った。新たに獲得した議案提案権も有効に使っていこうと、近く保険料の値上げが予想されている介護保険の問題などで県としてできる支援策がないか検討していこうという意見が出た。また、政務調査費の全面公開や改善についての提案ができるように検討することになった。

六日には各党派代表者会議が開かれる。「各党」「各党」と呼ばれているこの会議は、今まで五名の日本共産党はお呼びではなく、ここで六人以上の交渉会派の事前の根回しが行われていたのだけれど、今回の選挙で六名になった日本共産党県議団も、これからは正式な出席メンバーである。田中知事がしばしば主張する「開かれた包み隠しない県政」に向かって、議会運営も新たな舵取りを余儀なくされていくことになるだろう。

新知事は五日からの登庁と決まった。

## 原点に立ち戻れない県議たち〈9月3日〉

田中康夫氏の圧勝に終わった県知事選だが、選挙の結果からも県議会の多数派と県民の意識がいかにかけはなれているかは明らかであるにもかかわらず、まだまだ反省の足りない県会議員が多いのにはがく然とする。

昨日、辞職の意向表明会見を行った浜県議は、「県議を三年半やっただけで県民意識から遠くなったと感じる。四期、五期とやっていれば、県民には雲の上の人みたいになってしまう。そういうことかな」と述べたそうだ。議員とは何かという認識に、浜県議が述べているような大きな勘違いがあることが、今回の知事不信任となったことは確かだ。

県会議員は県民の願いの代弁者。このあたりまえのことがわかっていれば、不信任決議の提案説明のとき、下崎県政会団長が小林伸陽県議の質疑に対して、「世論調査の結果は民意ではない。市町村長の意見が民意だ」などという驚くべき答弁はしなかったはずだし、それがわかっていれば、民意とかけはなれた自分たちの政治姿勢を反省し、不信任など出さなかったはずだ。

今回の知事選の大敗北という事態を前に、悪夢からさめて反省した議員が多数と思いきや、そんな私の考えの甘さに気づかされた。本日付『信濃毎日新聞』に掲載された「県議に聞く」を見る限り、議員の原点に立ち戻れない議員のなんと多いことかと情けない思いだ。

知事選の結果に対する受けとめと今後の田中新県政にどうのぞむかなどについて県議全員の回答を一覧表にしたこの記事を見ると、不信任に賛成した県議たちは、「県民の判断を真しに受けとめる」「明確になった県民の意志を尊重する」「今回の結果を民意として厳粛に受けとめる」などと答えているにもかかわらず、「不信任は誤りではなかった」「不信任決議は正しかった」「不信任が間違っていたとは思わない」と、何の反省もない。

不信任が道理がなく、正しくなかったからこその田中康夫氏の大量得票であり、県民の圧倒的多数によって彼らの不信任が否定されているのに、そのことがまったくわかっていない。

だから、「結果にいじけることはない」と居直ったり、「説明不足が結果的に田中氏圧勝をもたらした」「議会として説明責任が果たせなかったことを反省している」「説明するよう努力したが、市民に浸透しなかった」などと、あたかも説明がゆきとどけば理解を得られたという主張が多い。

七月五日の不信任可決から九月一日の投票日まで約二カ月。二カ月という時間は、不信任に賛成した四四人の多数の県会議員たちが、それぞれの選挙区で有権者に説明することができない時間では決してない。どこまでも自分中心の道理のないことは、どんなに説明しても、多くの心ある人たちに到底理解されないのだということが、彼らにはなぜわからないのだろう。

そして、不信任の採決時に退席し、知事選では不信任賛成派と同様に田中康夫氏の対抗馬である長谷川敬子氏を推した社会県民連合も一緒になって、「田中新県政にどうのぞむのか」という問いには、「相手（田中氏）の出方次第」「（田中氏の）反省がうかがえるなら協調する部分も出てくる」などと、この期《ご》に及んで、悪いのは田中知事であって自分たちではないという開き直り。救いがたい。選挙という試練を経ても、なお、多くの県会議員たちには、県民の本当の思い、民意は届かなかったのだ。

不信任推進三会派は、政信会が望月雄内会長の会長職辞任、県民クラブが会派の役職を全員辞任、県政会は本日の団会議で役員が辞意表明と伝えられている。でも……と、私は思う。会派の役員を辞任したからといって、それが県民に対する責任を取ったことになるのだろうか。そんなことは、責任をとることでも、反省でもないのではないか。県民への責任は、今回の結果で多くの県会議員が目をさまし、真に民意にこたえる議会活動を、原点にたちかえって行うことで果たしてほしい。もちろん、圧倒的多数の県民によって否定された不信任は間違いであったことを素直に認め、反省した上で。

不信任採決時に退席し、県政会を除名された二人の県議は、本日、新会派「無所属の会」、別称「無の会」を結成し、会派届を出した。彼らの今後に注目したい。

## 県政会が解散〈9月6日〉

朝から、県議会最大会派の県政会の解散のニュースが伝えられた。本日の団会議で、解散の方向が正式に確認されたという。

今日は、選挙後初めての各党派代表者会議が開かれた。長野県議会では、六名以上の会派を交渉会派とすることが議会規則で決められており、交渉会派の代表者による会議が各党派代表者会議である。したがって、今回、高村京子さんの当選によってはじめて交渉会派となった日本共産党県議団もこの会議に招集され、初参加である。

参加してみると、なんとこの会議は非公開である。マスコミに「頭どりだけ」と許可し、「早く出て行ってくれや」という態度。すぐに出て行かないマスコミに対し、「もう、そういうことなら、頭どりも禁止するぞ」と。内容は、新しい力関係や議員辞職などにともなう議席の配置、議員公舎の割り振り、常任委員会の配分、議会の開催日程などで、非公開にしなければならないようなものではない。

また、知事から、九月の補正予算の査定に入る前に、各派の代表者と意見交換をしたいという提案があることが議会事務局長から報告された。それに対し、「あれだけ選挙中に根まわしや談合はだめだと言ったんだから、必要ないじゃないか」などと感情的な意見も出たが、私も「根まわしではなく、意見を聞きたいと言ってるんだから、いいじゃないですか。意見を求められているのに応じないという態度では、こちらから対話を拒否していることになりますよ」と発言し、結論は応じることになった。

また、私から、その会議には、新しく結成された無所属の会（二名）も参加できるよう、知事に要請してほしいと希望し、了承された。それに関連し、全国的には茨城県のように交渉会派という制度を採用していないところもあり、本来、議会運営についての調整や話し合いは、会派の大小にかかわらず、全会派の代表による議会運営委員会で行えばいいことなので、私から各会派の代表者に、交渉会派が必要かどうかを含めて、各会派で検討してほしいと提案した。

八月二三日付の日記（一七四ページ参照）にも書いたが、長野県議会では、かつて「各派交渉会規約第八条」で、「党派を有しない議員および五人以下の党派は、それぞれその中の一人を各派交渉会に出席せしめることができる」と定めていた。しかし、一九六三年、日本共産党の松田晴男氏（上伊那郡区）が当選し、共産党がはじめて議席を持った年の五月、この第八条は不当にも削除されて、県議会の民主的運営の後退が始まったことになる。

今日は田中新知事が各会派をまわって新任のあいさつ。事前の連絡では、各会派一〇分程度ということだったが、夕方のテレビのニュースを見ると、県政会が三分（しかし、拍手が出たことは救い）、政信会七分、県民クラブ七分、社会県民連合二分、日本共産党一六分、無所属の会一六分が実際の懇談時間だったということで面白い。

## 県知事選、県議補選のとりくみを交流 〈9月7日〉

今日は日本共産党の県委員会総会。長野県の各地でがんばっている県委員の皆さんが集まり、暑い中でがんばった県知事選、県議補選のとりくみの交流を行った。

今回の不信任がいかに不当なものであったのか、田中県政の一年八カ月の改革の中身、県政と県議会の実態を、より多くの県民に正しく知ってもらうことができれば、県民の良識を集めて、必ず勝利できると確信して、私たちは県下の各地で県政報告会を行った。五人の県会議員が手分けをして参加した、大小さまざまな県政報告会は約二八〇回。佐久地方では、私の不信任反対討論と県政報告会をビデオにとり、それをダビングしたものを四五本も活用したと報告があった。

今回の県政報告会の特徴は、どこでも、今まで私たちとはかかわりのなかった新しい参加者があったのが特徴だった。「宣伝カーで聞いたから参加しました」「ビラを見たから……」と、まったく未知の人たちが参加して、熱心にメモをとって、私たちの報告を聞いてくださり、活発な質問や意見が出された。このことが、確信を持って、田中康夫氏の支持を広げる力にも、きっとなったことだろう。そして、私たちの今後の議会活動にとってもたくさんの貴重な意見を聞くことができたと思う。

「いてもたってもいられない」と、全国各地から、宿泊費も交通費も自前というまったくのボランティアで応援に駆けつけてくださった人もおおぜいいる。共産党の県委員会によせられた全国からの募金は約一五〇万円。そのほか、新婦人の会や民医連など「明るい県政をつくる県民の会」（一三五ページ参照）に参加している団体にも、全国から激励のメッセージや寄せ書き、多くの募金が寄せられたという。そんな全国からの大きな励ましと期待の中で、その善意の期待にこたえられる結果となったことは、本当にうれしいことだ。

夜は私の地元の朝陽地区の後援会役員会。選挙中は、県会議員が五人しかいない県議団であるため、県下各地の県政報告会の出席に追われ、また、県議補選が始まってからは上田市の高村京子さんの応援に行くことも多く、なかなか地元の活動に参加できず、すっかりご迷惑をかけてしまった。選挙の終盤、私が支持を広げていただきたいとお願いにまわったお宅の中で、同じ北堀に住んでいるNさんが、心臓病で大変な体で六〇軒も支持を広げてくださったとのこと。胸がいっぱいになる。入退院を繰り返し、いつも酸素ボンベをつけたままのNさんが、どんな思いで支持を広げてくださったかと思うと、県政の改革の前進のために、なんとしてもがんばらなくては、と思う。Nさん、ありがとう。

## 「長野県ではまだまだダムは必要」と長野市長〈9月9日〉

今日は開会中の長野市議会の傍聴に行ってきた。今回の知事選で、松本市の有賀正市長と並んで、「反田中」の急先鋒として活躍（?）した鷲沢正一長野市長の、選挙戦に対する答弁を直接聞きたかったからである。

鷲沢市長は「田中知事の事前説明のないダム中止の手法などは問題。職員との対話がない知事では困る」との理由で、「反田中」の運動をしたのは当然だと開き直り、告示直前の候補者一本化で自分が告発され、受理されたこと（注）には、「メッセンジャーをつとめただけ」と無責任に逃げながらも、選挙結果については、「民意が決めたことであり、厳粛に受けとめる」と答弁した。

知事選の敗戦ショックからか、いつになく、物音一つ聞こえてこない静まりかえった議場は、「脱ダム」宣言について、市長が「アメリカでも撤去されているのは、高さ一五メートル以下のダムとはいえないものだけ。二〇〇一年にアメリカ開発局長が『これからもダムはつくる』と言明し、現在巨大ダムを建設中。世界の治水・利水はさまざま。長野県ではまだまだダムは必要」と答弁すると、突然いきおいづいて、与党議員たちが「そうだ！」と勝ち誇ったようにいっせいに声をあげた。

長野市議会多数派議員のどこまでもダムにこだわる体質と、民意からかけはなれた自分たちの意識に対する反省のなさは、県議会多数派とまったく同類で救いがたい。浅川ダム問題の解決のためには、まだまだ、乗り越えなければならない困難の多いことが予想される。

## 富士通のリストラ問題を考える　〈9月10日〉

昨日、長野市議会での、鷲沢正一長野市長の富士通のリストラ問題に対する答弁を聞き、改めて大企業の社会的責任と行政のあるべき姿、不況の中での雇用確保の問題について考えさせられた。一緒に傍聴に参加していた人たちからも、「あの答弁は富士通の社長の答弁そのものだ。いったい従業員の暮らしのこと、市民の暮らしのことで心が痛まないのかなあ」と疑問の声が出ていた。

市長の答弁を引用すると――

「……ここ数年来の世界規模でのＩＴ不況と製造業の海外シフトが進む中で、富士通としても生き残りをかけ今回の事業再編にともなう人員合理化について一企業が労使間で十分協議の上のやむをえない選択であったと考えております」

というのだけれど、私たちが何人かの従業員の方々のご相談を受ける限り、「労使間で十分協議の上」などという状況ではなく、会社側の一方的な提案であり、現に一兆円を超える内部留保を抱えている富士通が決してやっていけないからというのではなく、今まで以上に利益をあげていこうというための海外シフトを、まるで自然現象であるかのように無批判に語っているのも、大企業の身勝手な論理そのもので納得できないことだ。

長野工場二一〇〇人の従業員を対象に行われた希望退職の募集に対し、最終的に離職者は九二〇名、長野工場に残るのは五〇〇名、新会社に転籍する人二七〇名、介護サービス、人材派遣会社などの関連会社への転籍者二七〇名、川崎、山形工場へ一四〇名。これに対して、長野市としては、現在行っている国の緊急地域雇用創出特別交付金事業の追加と、市単独の緊急雇用創出事業創設で、九月補正予算で三〇人程度の雇用人員の創出をする、と市長は答えていたが、三〇人程度の雇用でとても大丈夫と言える状況ではないことははっきりしている。

大企業のさらなる利潤追求のための身勝手な海外進出に、どうやって国民生活を守る立場からの民主的な規制とルールをつくるかというのは国政上の重い課題だ。しかし、そのためにも、地方自治体の姿勢が重要ではないだろうか。永井順裕須坂市長は、市議会議長らと東京の富士通本社へ須坂工場の存続を求める要請に出向いた。須坂市だけで、今回の富士通のリストラで六億円以上の減収見込みという。おそらく、長野市では一〇億円以上の減収となるだろう。一人ひとりの従業員、そのご家族の生活が大きく狂わせられることを、もっと親身に考えてほしい。

## 対話の姿勢に欠けていたのは…〈9月12日〉

知事選後の県議会の「けじめ」劇が一応一段落し、解散を決めた県政会は、現時点では、旧羽田会（羽田孜衆議院議員派）を軸にした創新会（九名）、自民党系議員の自民クラブ（八名、うち七名が自民党員）、若手議員を中心にしたフォーラム改新（七名）、そのどれにも所属しない無所属議員（六名）にそれぞれ分かれた。注目の石田治一郎議員は自民クラブ、下崎保議員は無所属である。そのほか、県民クラブからの二名の公明党議員の離脱問題が未決着というところ。

力関係がほとんど違わない会派がたくさん生まれたことそのものは、活発な議論や民主的な議会運営を進めていく可能性を大きくしたという点で歓迎できる。しかし、県政会が三会派に分かれた理由が、その理念が今一つわかりにくく、「なぜ三会派なの？　それぞれのどこが違うの？」

と疑問がわいてくる。

自民党県議団を展望したはずの「自民クラブ」には、結果として一四名の自民党県議のうち七名しか参加しなかった。自民クラブ会長になった萩原清県議は、「来年の県議選後（二〇〇三年四月）に再結集して自民党県議団を作ることも視野に入れている」と語っている。「『自民党』では選挙を戦えない」と自民クラブに参加しなかった議員もいると聞く。長野県議会では、政権党の党名を看板にすることは選挙に不利（?）という傾向が生まれているとは、なんとも痛快であり、面白い。

新会派結成に伴い、田中知事にあいさつに出向いた面々は、口々に「知事との対話」を強調している。なーんだ、結局、対話の姿勢に欠けていたのは、知事ではなくて、県議会の側だったんだ、というわけ。できれば、不信任なんか出す前に、そのことに気づいてほしかったよね。

できたばかりの会派の代表とともに、「九月補正予算の査定前に意見を聞きたい」という田中知事の申し出による各会派の代表と知事との懇談が約一時間行われた。この懇談には、先日の各党派代表者会議で私からも希望した通り、二名の「無所属の会」も出席した。全体として、不信任提出前の感情的な対立姿勢はなくなり、比較的活発な懇談が友好的に行われたという印象だ。

中には、今日の知事の提案の中に、浅川ダム本体工事の契約解除の問題が含まれているにもかかわらず、「田中知事が再選されても、浅川ダム中止の姿勢を変えなければ、また不信任を出す」

と、数百人の有権者を前に公然と発言した本人が、そのことには一言も触れずに、母子家庭の母親を対象にした介護ヘルパー研修事業などをとりあげて、「評価します」「敬意を表します」と絶賛する場面もあり、いやはや……。ご自分が発言してきたことは、もう歴史が消し去ったと都合よくおしまいにしているらしいけれど、人間としてはあまりにも悲しい。

この懇談に先立って、日本共産党県議団として田中知事に九月補正予算に対する一七項目の提案を申し入れた。事前の連絡では、時間は二〇分しかとれないということだったので、私たちも時間を気にしながらだったが、実際には、知事は一つひとつの項目に丁寧にコメントされ、時間はオーバー。その中で、思いがけず、長年の関係者の要望であった、養護学校に看護師配置の決断が伝えられ、私たちは大感激。

富士通の離転職者への対応強化、介護保険料値上げにともなう低所得者支援策、生活道路整備のための部局横断的な検討、情緒障害児に対する県独自の教員加配、浅川ダム本体工事契約のすみやかな解除などが主な提案の項目。

富士通問題では、改めて知事に「会社からは私に説明があったが、労働組合からは取り立てて県にお申し出はない」と言われてしまった。富士通労働組合やその上部団体の「連合」は、今回の事態の中でその存在がさっぱり見えてこない不思議な存在だ。労働組合ってなに？　と疑問はいっぱい。

## 治水・利水ダム等検討委員会が再開〈9月17日〉

昨日の県民クラブの団会議で、県民クラブから公明党所属の二名の県議が正式に離脱し、公明党県議団ができることになった。公明党は前回の県議選で、私たち日本共産党県議団が二名から五名になったとき、中間会派とともに県民クラブを結成した。そのためこの三年半、公明党としての存在感がなくなってしまったことが、今回の離脱の主な理由と思われる。その結果、県民クラブは五名になって、交渉会派ではなくなった。

気の毒なのは、議会事務局の職員の皆さんだ。次々に離合集散を繰り返す議会の都合で、控え室の仕切りを変えたり、議席の並び方や議員の出欠を示す表示板を変えたり……もう、いいかげんにしてほしい、と言いたいところだろう。議員の勝手な思惑で振り回されるのだから。

今日は、事実上選挙中の開催が不可能だった長野県治水・利水ダム等検討委員会が開かれた。もともと、この検討委員会が議員提案の条例案で出されたとき、すでに、田中知事が純粋に第三者の専門家による検討委員会を作ろうと準備していたのに対抗して、県会議員や市町村長、市町村議会の代表を入れた委員会を作って、ダムの火種を残そうとすることに、私たちは反対した。

しかし、できてしまった検討委員会を、より民主的な運営ができるように、全会派の県議をメンバーにするという知事の提案には賛成して、私も委員を引き受けてがんばってきた。ただ残念ながら、今回の事態も含めて、結局、県会議員をメンバーに入れたことで、政治的思惑にふりまわされる検討委員会になってしまったのは事実だ。

　ダム推進派の県議たちが、ことさらに予算の期限を強調して、私が部会長をつとめた浅川部会は「三月末までに報告を」という議会からの事実上の圧力を受ける結果となった。自分たちもメンバーである検討委員会が、浅川ダム、下諏訪ダムの「ダムなし答申」（七七ページ参照）を出し、それを知事が尊重するという態度をとったら、その知事を不信任にして突然の知事選となり、審議空白の時間をつくった。そして来年（二〇〇三年）四月には県議選となることや、議会開会中には事実上検討委員会の審議はできなくなるわけだから、この検討委員会の任期は来年六月までの二年間だけれど、実質審議できる時間は、県議会の都合で、きわめて限定されてしまう。その結果、大阪や新潟、東京をはじめとする他県から来ていただいている現職の大学教授などの委員の先生を含め、物理的にもきわめて無理を強《し》いている。

　ダム推進派の県議たちは、こんな事態にしてしまった自分たちの責任を自覚しているのか、いないのか。また、今回の不信任に県民が出した答えをどう受けとめているのか、理解に苦しむ発言が今日の検討委員会で繰り返されたのは、はなはだ残念だ。

「ダムをやめれば、利水事業は、当然、全部県単独事業になって、国からの補助金は来ないんですら……」「結論をいつまでに出さなければ予算に間に合わないと、県からはっきり言ってほしい。そうしなければ議論できない」「制度上、できないことはできないと、県がはっきり言ってもらわなければ困る」などの発言が彼らから繰り返されて、もううんざり。

## 県議会の運営改善で議長に申し入れ 〈9月19日〉

知事選後の県議団会議で私たち自身が話し合ってきたこと、以前から主張しているが、まだ改善されない県議会の運営上の問題や議会の改革について、本日宮沢勇一議長への申し入れと記者会見を行った。申し入れの内容は次の三点。

一、六人以上の会派を交渉会派と定め、五人以下の会派は各会派間の交渉や協議に参加できないという不公平な「各派交渉会規約」を廃止し、議会運営上の課題については、すべての会派が参加する議会運営委員会で行うように検討すること。

二、政務調査費は領収書を含めて全面公開すること。

三、海外視察制度は廃止すること。

以上の私たちの申し入れに対し、議長からも「私も古い人間で、今まではこれらの制度の中で活動してきたが、共産党の皆さんが言われている方向に向いていくべきだと思う。政務調査費の透明化については、私からもお願いしている」と、前向きのコメントをいただいた。

知事選と同時に行われた県議補欠選挙での高村京子さんの当選により、私たち日本共産党県議団は、初の交渉会派となり、私は知事選後、何回かの「各党派代表者会議」という交渉会派の団長会議に出席したが、マスコミへの非公開の問題も交渉会派の存在意義も納得ができない。五人以下の会派は会派として認めないという扱いは、選挙で選ばれた平等の権利を持つ議員の間に差別を持ち込むことである。

また、「各党派代表者会議」を交渉会派の代表者だけで開き、その後交渉会派の会議を開き、議会運営委員会にかけるという運営や、交渉会派で決めたり意思統一したことを、小会派に伝えて議会運営を進めるという二重三重の屋上屋を重ねるようなやり方は差別的であるとともに、時間の無駄でもあり不合理だ。

交渉会派がなくなれば、代表質問や県議会広報委員も全会派が参加でき、大会派優先の議会運営が改善される。そもそも、知事選後の会派再編の中で、現在最大会派は九名であり、ほとんど会派間の人数の違いはなくなってきているのだから、改革のよい機会ではないだろうか。

政務調査費については、知事部局など県の執行部をチェックし、県民要望を実現していくための議会の調査権は当然保障されなければならないし、現に私たちは、三〇人学級実現のための先進地調査やダム問題での専門家への調査依頼をはじめ、調査費を有効に役立ててきたと考えている。日本共産党県議団としては、現在県議団のホームページで、毎月の政務調査費の執行状況を公表しているし、領収書も公開している。政務調査費が税金である限り、県民に公開するのは当然のことである。

私たちの場合、実際の政務調査費の収支は、事務局員の人件費で総額の六割を占める。それでも、二名から五名の県議団になり、やりくりをして、控え室に常駐してもらっている大池事務局長と和田さんには、やっと社会保険にも加入してもらえるようになったが、決して充分な待遇とはいえない。年度末には、結局足りなくなることもあり、地方自治法上認められている経費ではあっても、たとえば会議などの際のお茶菓子代、食事代、出張時も含めて飲食代は、政務調査費から支出しないことにし、交通費、宿泊費は実費、日当はなし、など節約に努めている。

全国的には岩手県が政務調査費の全面公開を検討しているという。岩手県に続いて長野県でも、全面公開が実現できればうれしいことだ。

県民から批判をあびている海外視察については、かねてから、当選期数による差別の問題や観光慰労的性格を批判して、日本共産党県議団としては、一貫して反対し、いっさい参加してこなかったし、「三年間凍結」の方針を決めるときにも廃止を主張してきたが、改めて、廃止を求めたい。

## 公約実行にむけて着々と〈9月20日〉

二期目をスタートさせた田中知事は、公約実行に向けて着々と具体的な提案やてだてをとり、心強い限りである。

不信任の直接のきっかけにもなった浅川ダム、下諏訪ダムの建設中止と、それにともなう治水・利水対策については、一時中止になっている浅川ダムの本体工事の契約解除に向けて、今日、鷲沢正一長野市長に会った。豊野町長、小布施町長には、来週会うことになっている。また、小市正英土木部長が国土交通省へ説明と報告に出かけている。

田中知事が長野市役所へ出向いての鷲沢長野市長との会談では、知事が「至らぬ点はさらに市長と胸を開いて、指導を仰ぎながら、浅川の治水・利水を一緒に行っていただきたい」と呼びかけたのに対し、市長は「その言葉があったので今後は一緒に協力していく。市としては浅川の治水を重点に考えており、ダムにはこだわらない」と応じたという。

しかし、浅川のダムに替わる治水対策の具体案作りに長野市も一緒に参加して検討してほしいと協力を要請した知事に対して、鷲沢市長は「参加は検討するが、アイデアを出せるか疑問だ。脱ダム宣言以来、市としても検討してきたが、現段階では技術的に難しい」と、「ダムなし治水は技術的に無理」という姿勢に終始した。

浅川の水害の歴史や現状を知っている人ならば、根本的な問題は千曲川《ちくま》との合流点で浅川の水が洪水時に自然流下できない（逆流してしまうので水門を閉めて、千曲川へポンプで浅川の水を上げている）ことによる「内水災害《ないすいさいがい》」の解決と、ダム予定地より下流の急速に都市化がすすんだ浅川流域の都市型水害への対応が主要な問題であり、上流へのダム建設では浅川の水害は解決しないことはみんな知っている。

「ダムによらない治水は可能」とする田中知事と「ダムなし治水は技術的に無理」とする鷲沢市長の隔《へだ》たりはあまりにも大きいが、県民は、知恵と力を尽くせばダムなし治水は可能と考え、田中知事への圧倒的な支持を表明したのではないだろうか。

下諏訪ダムの地元の下諏訪町長が、すでに県庁を訪れて、県と下諏訪町が協力してよりよい治水・利水対策を作り上げていこうという立場を表明しているのとは対照的だ。あくまでダム建設にこだわり続け、あまりにもおとなげないとしか言いようのない、このような長野市長の態度を、長野市民はどう評価するのだろうか。

今日の午前中、県議会各会派の代表と知事の九月県議会前の懇談があり、九月議会に提案される予定の補正予算の骨格と条例案、それに伴う県の組織改正などの説明があった。浅川ダム、下諏訪ダムの中止にともなう施策として、流域対策の一環としての河道対策の調査費、また、河川整備計画で重要になる基本高水《きほんたかみず》（五四ページ参照）の検証のための流量調査の経費が今回の補正予算に盛り込まれる。さらに、「浅川ダム建設事務所」は、新たに「浅川改良事務所」に組織改正がされ、職員体制は現在の八人体制から所長以下六人体制となる。

いよいよ本格的な「ダムなし治水」のスタートである。危険な地すべり地への浅川ダムの建設に疑問を持ち、地附山《ぢづきやま》地すべり（二二一ページ〈注1〉参照）や論電ガ谷池《ろんでんがやいけ》の決壊（二二一ページ〈注2〉参照）などの被害の経験から、「ダムだけはやめてほしい」と必死の思いで訴える地域の皆さんと約一〇年にわたって浅川ダム反対の運動を続けてきた私にとっても、今、目の前で展開している出来事は、夢ではないかと思うような感慨深い出来事である。仮排水路が造られ、本体工事が発注され、そのつど「もうだめかもしれない」と落ち込む気持ちを奮い立たせ、がんばり続けてきてよかったと、一緒にがんばってきた多くの人たちの顔が次々に浮かんでくる。

さあ、もうひとがんばり、ふたがんばり。新しい治水・利水のあるべき姿を、私たちも知恵と力を尽くして作り上げていかなければならない。

## 「あの村長の息子」〈9月21日〉

今日は私の地元の朝陽《あさひ》小学校の運動会に来賓として出席。朝陽小学校の運動会は、お天気の悪いことが多く、雨でぐしょぐしょになった校庭の水たまりの水を、みんなで雑巾で吸い取ってから運動会をはじめたことや、消防団に校庭へ砂を入れてもらって運動会をはじめたこともあったし、長野市内の小学校の中で一番早い運動会だとテレビが取材に来ていたのに、その最中に雨が降りだしてしまったこともあった。それが今日はみごとな秋晴れ。

まだ小さくてかわいらしい一年生や、走れば地響きがして頼もしい六年生までの子どもたちの一生懸命な競技を見せてもらい、私たちも準備体操や朝陽音頭、大玉送りに参加して楽しいひとときを。参加していたPTAの皆さんや先生方から、「知事選、よかったですね」というお祝いの言葉といくつかの要望が出された。

夜、共産党の若槻支部の知事選の慰労会。事務所の二階が落ちそうなほど、いっぱいの参加者で、この一～二年で入党された人や、新しい参加者などとともに久しぶりにお会いする大先輩もまじえ、とにかくにぎやか。並びきれないほどの手作りのご馳走を前に、私の報告はあれもこれもと欲張って、つい、時間をオーバーしてしまった。一人ひとりが自己紹介しながら全員が一言ずつ選挙の感想や県政への思いを語り合ったが、それぞれのがんばりに改めて胸を打たれる。

初めて参加してくださった、ある老婦人の話は、みんなが知らなかった話で興味深かった。今回の不信任問題で、全国的にも有名になった元「県政会」の大御所、石田治一郎県議のお父さんは石田治太郎さんといって、長野市に合併する前の若穂村の村長さんだったという。

当時の若穂村で、戦争で夫をなくした未亡人の多くが保育園の保母さんとして採用されていて、最初は、働けるだけでもありがたいと思っていた未亡人たちが、あまりにも苦しい暮らしに何とかならないかと考えていたとき、若い保母さんから、保育園の決算書と自分たちがもらっている給料の差があまりにも大きすぎるという情報を知らされた。不審に思った保母さんたちが、自分たちの給料を改めて計算して合計し、決算書と比べてみて、二重帳簿の存在が判明したという。不正をただしたい、そして自分たちのお給料を正当なものにしてほしい、そんな思いで村役場へ勇気をふるって出かけて行った保母さんたちを迎えた石田治太郎村長は、彼女たちを大声で怒鳴りつけ、納得できない一件落着。

私たちにこの話をしてくださった老婦人は、テレビなどで石田県議の顔を見るたびに、「あの治太郎さんの息子が……」とその時のことを思い出し、やりきれない思いになるのだという。親から子へと受け継がれる政治家の世襲には、批判がありながら、なかなか正されず、県議の中でも二世議員は何人かいて、彼らが年齢が若いにもかかわらず古い考え方の持ち主であることに私も驚くことがある。

県会議員の役割は、県民の願いを代弁することであるという、当たり前のことが理解されていなかったための民意とのねじれ、勘違いや思い違いが、ついに知事不信任に至った今回の経験からも、改めて、議員とは何か、議会の役割は何かが、問われていかなくてはならない。

## ついに浅川ダム本体工事契約解除！〈9月25日〉

本日午後三時三〇分、二〇〇〇年一一月二三日から一時中止となっていた浅川ダム本体工事の契約が正式に解除された。ついに契約解除！　こんな日を実際に迎えることができるなんて、ただただ感慨無量。

思えば、私が県会議員として活動するようになってから一一年半が過ぎたが、この一一年半は、浅川ダムに反対し続けた一一年半でもあった。危険な地すべり地帯へのダム建設は納得できないという素朴な気持ちからの疑問は、「論電ガ谷池の決壊で地獄を見た。わしの身内も死んだし、田畑や牛馬も流された。にもかかわらず、そんなことも忘れてここに家を建てた。頭の上に爆弾を抱えて暮らすような浅川ダムがもし造られてしまえば、わしは孫たちのためにも死んでも死にきれない」と訴え続けるYさんなど地元の住民の皆さんの思いと重なって、浅川ダム建設反対の住民運動となった。「もう、だめか」とあきらめそうになる場面も幾度となくあった。でも、あきらめずにがんばってきてよかった。本当によかった。

情報公開が今ほどすすんでいない時代に、浅川ダムの安全性や必要性の問題を解明していくのにも、私たちには多くの困難があった。国土問題研究会などの良心的な専門家の献身的な協力もいただき、私たちは、とにかく現場に何度も足を運んで調査を重ねた。共産党県議団と長野市議団の政務調査費の多くが、浅川ダムの調査費用に使われた。県議会でも、長野市議会でも、浅川ダムに反対するのは日本共産党だけ、という力関係の中で、多くの住民の皆さんや心ある専門家との協力体制なくしては、ここまでがんばってくることはできなかった。ともに力を合わせてがんばってきた一人ひとりの皆さんと、「本体工事契約解除」というこの新しい歴史の一ページを、ともに喜びあいたいと思う。

もちろん、今、私たちが迎えたこの新しい段階は、田中知事の誕生なしにはありえなかったことだろう。その意味で、知事の英断と、就任以来のさまざまな困難を乗り越えてのエネルギッシュな行動に、そして、「脱ダム宣言」に、素直に心からの敬意を表したい。そして、たとえ田中知事が出現しても、知事誕生以前に浅川ダムの本体工事を四回にわたって延期させ、あきらめずにがんばってきた住民の運動がなかったら、浅川ダムはすでに造られてしまっていただろうと思うと、私は、その住民運動に参加してともにがんばってきたことを心から誇りに思う。

しかし、今日の契約解除は、これからのダムに代わる治水・利水対策を作り上げて実現していくという大切な仕事のための一歩にすぎない。契約解除通知を受けた前田建設、フジタ、北野建設の共同企業体が、「当建設共同企業体としまして、長野県のこのたびのご判断につきましては、契約上、従わざるをえない立場にありますが、長野県から損害賠償額のご提示をしていただき、その上で、ご提示を受けるかどうか、当建設共同企業体構成員会社間で十分協議を行い、長野県と交渉をさせていただきたいと考えております」と述べているように、解決しなければならない課題はたくさん待っている。

重い大きな扉がようやく開いて、明るい一筋の光が見えたのだから、私たちは、今まで以上に力を合わせて、予想されるさまざまな課題の解決のために立ち向かっていかなければならない。

明日から九月県議会。県政改革への決意も新たにがんばりたい。

## ヤジと怒号が消えた県議会 〈9月26日〉

今日から県知事選後の初の県議会となる九月定例県議会が始まった。数の力で道理なき不信任を強行し、その結果の県知事選挙で圧倒的多数の県民の良識でそれを否定されたことに対して、県議会の各会派や一人ひとりの県会議員たちがどう総括したのか、興味深い。

午後一時から開会された本会議では、公安委員に任命された松本サリン事件の被害者、河野義行さんや、新人議員としての自己紹介をした高村京子さんに拍手も出て、今までとはかなり違った雰囲気。高村さんは、選挙区、会派と自分の名前だけを述べる通り一遍の自己紹介でなく、「六人になった日本共産党県議団の一員として精一杯がんばります」と思いのこもった一言を述べた。さわやかで、たのもしい。事前にそれを聞いていた私たちは、知事選の結果を受けての議会であるだけに、知事へのヤジはできないだろうけれど、高村さんのあいさつのその部分には、きっとヤジが飛ぶだろうと予想していたのだけれど、意外にも予想していたようなヤジはなく、一言だけ、「あまり、がんばらなくていいよ」という声が飛んだだけ。

知事の一言一言に、あたりまえのようにヤジ、怒号が飛んだ議会は、まったく様変わりした。いつも、心臓が止まるほどの大声でやじりまくっていた「ヤジ将軍」のK県議や、後ろの方からいやみたっぷりのヤジを飛ばすS県議も、小さな声でぶつぶつ言ってはいたが、何を言っているかはまったく聞き取れず、必死に我慢していたのか、それともヤジを飛ばす元気もなくなってしまったのか、いずれにしても、今までの騒ぎがウソのような静けさ。

知事の提案説明は、淡々とした語り口の中に県政改革への強い気概と決意に満ちたものだった。

「私は長野県の産業構造を、従来の公共事業依存型から脱物質主義のスウェーデン型へと構造転換させねばならず、こうした哲学にもとづいて全国に先駆け、これまでの公共事業のあり方を見直し、産業構造の転換をはかっていこうと、くり返し申し上げてきました」

「一年九カ月近い県政をいかにとらえるかの最大争点でもありました『脱ダム宣言』が意味するところは、コンクリートを用いてのダム建設の是非や環境問題にとどまりません。『福祉医療・教育・環境』分野への傾注投資によって、それらの分野における新たな雇用の創出を図り、ひいては長野県の経済や社会の活性化をはかっていこうという意思表示でもあるのです」

と、従来の見解を強調したあと、失職後の公約であった「五直し」と「八つの宣言」に込められた県政改革への思いを語った。

その一つひとつに、深い思いと新しいメッセージが込められている。やはり、高い理想とロマンをかかげ、固い決意と気概を持って、県政改革に挑戦していくことが大切だ。知事の提案説明には、私たち日本共産党県議団だけでなく、何人かの県議が拍手したが、これも、今まであまりなかった光景。

一方、今日の議会運営委員会に、政信会の山元秀泰議員（松本市選出）から、県議会の本会議場に日の丸を掲げるべき、との提案があり、各会派に持ち帰ることとなった。前代未聞の不信任、それに続く知事選で、誰もが多くのことを学んだはずだ。その選挙後の最初の議会に「日の丸掲揚」とは……。いまなぜ？　県政と日の丸と何の関係があるというのだろう。県民が今、県議会に何を一番求めているかが、まだわからない人たちがいるという悲しい現実。

## 利水ワーキンググループの座長になる〈9月27日〉

午後一時半から開かれた、「長野県治水・利水ダム等検討委員会」の「利水ワーキンググループ」の会議で、冒頭、座長の浜康幸県議から、辞任の申し出があった。

知事選後の九月一七日に開かれた「治水・利水ダム等検討委員会」に先立って、浜県議は田中知事に検討委員の辞任届を出したが、「議員をやっている間は委員は続けるべき」と知事が辞任届を受理しなかった。そのため、検討委員会に先立って開かれた利水ワーキンググループの会議でも、浜県議からの座長辞任の申し出は承認されなかった。しかし、今日の彼の申し出によれば、次回の検討委員会が開かれる一一月五日には、彼はもう県会議員を辞めているということなので、それまでにスタートする角間川部会、駒沢川部会への利水ワーキンググループの報告を責任を持って準備できないということで、私たちはやむなく彼の辞任を了解した。

その結果、私が突然、利水ワーキンググループの座長を務めることとなった。すでに知事に報告を答申した浅川、砥川《とがわ》以外の検討が残されている流域の中には、利水の比重が大きい河川もあるだけに、利水ワーキンググループもがんばらなくてはならない。今までの議論の中では、多目的ダム（洪水調節、水道用水や農業用水の取水など、治水・利水を目的として造られるダムで、事業主体は国や県。利水目的のみのダムは一般的に事業主体は市町村となる）からの取水を他の方法に切り替えたときの、水道事業者である市町村への県の新しい支援のあり方を発信していくことも利水ワーキンググループの大切な仕事になってくると思う。

## 変わり身の早い県会議員に下った審判 〈9月29日〉

今日は若槻団地自治会館で「田中県政を応援する若槻団地の集い」が開かれた。この集いは、今回の知事選で田中知事の再選のためにがんばった無党派の皆さんと共産党若槻団地支部が共催で、一〇人の呼びかけ人によって開かれたもの。

開会時間を間違えた私がやや遅れて会場へ着くと、もう自治会館のホールは満員の人たちでいっぱい。女性の参加者も多かった。呼びかけ人のごあいさつ、原田誠之長野市会議員のあいさつに続いて、私から県政報告をさせていただいたあと、「知事の答弁を辞めさせた議長は謝罪するべきだ」「地域通貨を実現してほしい」「浅川の治水対策に、新潟県で実施している『雨水排水ます』を取り入れたらどうか」などの意見が出された。

そのあとの懇親会で乾杯の音頭をとった元八十二銀行の支店長さんという人は、「乾杯の前にひと言」が、とてもひと言では終わらず、県政や田中知事について、「言いたいことは山ほどある」と乾杯のあともあふれる思いを語っていた。

長野市では、まだ二人しかいないという女性の区長さんも参加してくださった。ダンスの先生もいた。さまざまな立場の人たちが、思いを寄せ合ってがんばった選挙だったことを改めてかみしめて、県政にその人たちの思いを反映させていかなければならない。

不信任を推進した県議たち、欠席戦術を取ったが、結局は対立候補の長谷川支援で田中落としにまわった社会県民連合、そして長野市長への批判は予想以上にきびしいものがある。

同時に、日本共産党に対しても、「私、今日来て本当によかったです。共産党って、もっと怖いと思っていました」「共産党の議員の話は、今日はじめて聞いたけれど一〇〇%共感しました。今までは共産党っていうだけで、聞く気がしなかったから……」「共産党っていう名前が、古いイメージを連想させるから、今風な、時代にあったネーミングにしたらどう。ついでに、志位さん（日本共産党の志位委員長のこと）の顔も、現代風に整形したら……なんてちょっと失礼ですけど、要するに、固いイメージでなるべく誤解されないようにしてほしい。近寄りがたい雰囲気はだめ」などと、なかなかきびしいご注文。

そんな集いの参加者の中でも、今日投票の塩尻市長選挙の結果が話題になっていた。塩尻市長選挙には、県会議員を辞職して出馬した中村善行氏のほか、三人の新人が立候補したが、中村氏は旧県政会、辞職するまでは政信会に所属し、代表質問で知事攻撃の先頭にたったこともあり、もちろん不信任に賛成した。

中村氏は私と同じ土木住宅委員で、委員会の席もとなりなので、市長選出馬が濃厚と言われた六月県議会の開会中、彼に「市長になろうというような人がこんな不信任に賛成すれば、少なくとも塩尻市の田中知事応援団と共産党支持者を敵にまわすよ」と忠告し、不信任に反対するようにはたらきかけた。にもかかわらず、彼は不信任に賛成した。

そんな中村氏が知事選後、ちゃっかり田中知事をたずねて握手し、市長選挙目当てのポーズを何の反省もなくとっているのを苦々しく思っていた私は、「田中県政との連携」を打ち出して出馬した小口利幸氏を、共産党塩尻市委員会が支援することになったことを聞き、ぜひ当選してほしいと思っていたが、今日の集いに参加した人たちも、中村氏の県議時代の言動を知っていて、「中村さんだけは許せない」「中村さん以外の人に当選してほしい」と、口々に塩尻のことを気にかけていた。

連絡をとってみるが、「出口調査では五分五分。接戦でまだ結果が出ない」とのこと。やきもきしながら帰宅して、テレビを見ていたら、午後一〇時過ぎに「小口氏当確」「小口氏初当選」のテロップが流れて、万歳！　よかった！　午後一一時現在、開票率九七％で、「小口利幸＝一四〇〇〇、中村善行＝一〇九〇〇」と発表されている。県議会の不信任推進派は、塩尻市長選挙でも、きびしい審判を受けたのだ。知事選後、明確な反省や謝罪のないままに、田中知事へのすり寄りや、態度を微妙に変えてきている県議たちは、この塩尻市長選挙の結果をどう受けとめているだろうか。

## いよいよ明日から代表質問〈9月30日〉

いよいよ、明日から代表質問が始まる。県政史上初の暴挙とも言える今回の知事不信任とそれを受けての知事選での田中氏圧勝の結果を受けて、県民要望実現よりも「先に不信任ありき」に走った各会派が、どんな総括をするのかを注目したい。

昨日深夜に長野朝日放送の知事選関連番組があり、「金曜会」と称する県議会の日本共産党を除く全会派のトップ会談で、今年（二〇〇二年）一月以来「不信任をいつ、どのように出すか」の検討が行われてきたことを報道していた。県民に対する許しがたい裏切り行為である。関係した県議たちは県民への説明責任を果たしてほしいものだ。

今日は議案調査のための休会日で、私たちは質問のための打ち合わせの団会議を開いた。議席が増えて単純に質問時間が増えると思っていたら、会期の関係で、今までの四五分から四〇分に質問時間が減ってしまって残念。しかしその分、代表質問が別にできるようになったので、これは大きい。代表質問は時間制限がないからだ。

今回は代表質問を私が、一般質問は高村京子さん、堀内あきらさん、小林伸陽さんがすることになった。また、議案提案権が持てたため、「イラクへの武力攻撃反対の意見書」「介護保険の充実」「住基ネットの中止」など、いくつかの意見書を出すことを検討している。

## 困った人たち 〈10月1日〉

知事選後初の県議会の代表質問が始まった。今日は、創新会（羽田派グループ）、自民クラブ、政信会。基本的にはヤジはほとんどなく、質問も総花的で、以前の攻撃的な雰囲気はなし。失礼ながら、退屈なくらいだ。他会派の県議たちは、「知事は変わった。対話ができるようになった」

などと言っているが、変わったのは県議たち。以前のように、無理難題を押しつけて、感情的に大騒ぎすることがなくなったからだ。言いがかりをつけての審議中断もない。

無理やり不信任に走って県民に迷惑をかけたことや選挙戦での敗北をどう総括するかが興味深かったが、質問の冒頭、「このたびの再選、おめでとうございます」「不信任を出す前に、もっと県民の声を聞くべきだったと反省しています」「結果は厳粛に受け止めている」などというものの、ダム問題や財政問題については、結局選挙前からの主張から脱皮することができず、「代替案がなければ、地域住民は安心できない」「借金もあるが、税収不足が県財政を圧迫している。財政再建団体にならないための知事の決意を」などと、不勉強と責任逃れに終始していた。

ダムに変わる治水・利水対策はこれから本格的に作り上げていくのだから、自分たちも大いに建設的な提案をしようとか、長野県の財政をここまで大変にしてしまったのは大型公共事業優先で莫大な借金を作ってしまった自分たちの責任であることに、彼らはいつまでたっても気がつかない。困った人たちだ。

あげくの果てには、「住民投票条例」に関して、「直接民主主義はファシズムにつながる恐れがある。重要な政策決定は、住民に選ばれた市町村長や議員が間接民主主義でやるべきもの」などと、驚くべきことを言い出した。結局、彼らは、民意を汲むことの意味、民主主義とは何かがわからず、県民より自分たちが特権的な立場にあると勘違いしているのである。

今のおとなしさ、静けさが、いつまで続くのかはわからないけれど、県民の目線で建設的な議論を望みたいものだ。

## 初めての代表質問 〈10月2日〉

長野県議会の歴史上初めての日本共産党の代表質問をする、という光栄ある任務を果たし、今、少しほっとしている。と言っても、そんなに肩ひじ張ったわけではなく、自然体で、ただ二期目を迎えた田中県政の改革の道筋が本格的に進むよう、思いを込めて行った代表質問だった。

私が初めて県会議員となった一一年前は二人の県議団だった。今、無所属の会や、公明党県議団がいる、あのうなぎの寝床のような控え室でがんばっていた。それが、三年前の県議選で五人の県議団になって、今の明るい控え室へ移った。今回の不信任を受けての県議補選で、高村京子さんが初当選を果たし、六人の県議団になって、初めて手にした代表質問権。

今日は、私の先輩議員であった山崎久雄元県議や今井誠県委員長などたくさんの人たちが傍聴にきてくださり、傍聴席は満員。山崎さんたちががんばっていた頃から今日にいたる歴史の歩みと前進を思うと感無量だ。私は今回の選挙で示された長野県民の良識に敬意と感謝を述べ、この歴史的な選挙の勝利に私たちがささやかでも貢献できたことを誇りに思うことを述べてから、質問に入った。

今回の選挙で問われたのは、民意をどう汲み取るか、県会議員としての役割は何かということでもあった。県民の思いから県議会の多数がかけはなれて、自分たちの勝手な思惑で不信任に走ったことを思えば、このような民意とのねじれをできるだけ許さず、県民の声が重要な政策決定により正確に反映できるという点で、選挙中から田中知事が主張している常設型の住民投票条例は重要な考え方だ。私の質問に対して、住民投票条例は、できれば今年度中に提案していきたい、という知事の考え方が示された。

三〇人学級の対象学年を広げていくという問題で、再質問を教育長にふったところ、別の問題で再答弁に立った田中知事は、自分自身の体験を述べながら、中学校一年、高校一年という時

長野県議会史上初めての日本共産党の代表質問に立った著者

のつまずきを作らないために、三〇人学級を実施していくということも考えてみたいという、思ってもいなかった前向き答弁。この部分は、今日の答弁の中で、田中知事の人間らしさを一番感じさせる答弁だったような気がする。しかも、この答弁は、私が教育長にふった再質問について述べるという形だったため、知事は、「直接の私へのご質問ではございませんので、願わくばマイクがつながることを望むところでございますが……」と断っての答弁。六月県議会で、ダム問題への答弁の最中に、議長に一方的に答弁を中止させられ、マイクの電源まで切られてしまったことを皮肉っていてユーモアたっぷり。

全国トップクラスの土木費を使い続け、年間予算の規模をはるかに超える一兆六〇〇〇億円の莫大な借金（全国二位）をつくりながら、身近な公共事業は後回しにしてきた長野県は、生活道路の整備率が全国三八位。生活密着型の公共事業に重点を移し、地元業者の仕事をふやすためにも、生活道路整備のための部局横断的な検討体制を、という問題提起にも、「考え方はまったく同じ」と前向き答弁。

市長会などの事実上の圧力によって、トーンダウンせざるをえなかった「乳幼児医療費の窓口無料化」の課題（八〇ページ参照）は、まだまだ紆余曲折をたどりそうで、決して満足の行く答弁とはならなかったが、約二年前までの吉村県政の時代に比べれば、県民のまともな願いが正面から受けとめられて、浅川ダムの歴史的な契約解除はもちろんのこと、三〇人学級、生活密着型公共事業への重点化、同和対策の終結など、県政の大きな変わりようは、感動ものだ。

質問の最後に、私は、県議会各派の県議の皆さんに、きびしい県財政を一一億円も使っての、あの理不尽な不信任がいったい何であったのか、それは、何の反省もなしに、突然歯の浮いたような支持表明をすることでも、自らの責任を不問にすることでもないはずだ、との思いから、きちんとした総括をし、県民への説明責任を果たすべきだと呼びかけた。

明日からの一般質問、委員会審議の中で、彼らはそれに答えてくれるだろうか。

## ダム問題に触れない県議たち〈10月3日〉

昨日の私の質問の最後に、「総括をきちんとしてこそ、前に進める」「今回の不信任から学んだことを今後に生かそう」と、呼びかけたにもかかわらず、結局、誠実な回答は帰ってこなかった今日の一般質問には、改めて大きな失望。というよりも、もう、この人たちに人間の言葉は通じないのかとあきらめの気分。

まず、一般質問の冒頭、県民クラブのM議員。この人は、選挙中に、「もし、田中知事が再選されても、浅川ダム中止の考えを変えなければ、また不信任を出す」と数百人の有権者を前に公然と発言し、地元紙『大糸タイムス』にその発言が写真入りで報道されている。私は彼の名前こそ出さなかったが、昨日の質問の最後の呼びかけで、その発言を具体的に紹介し、「県民への説明責任を果たすべき」と呼びかけている。

にもかかわらず、彼はそのことにはいっさい触れぬまま、選挙後、知事の態度が変わったから対話できるようになったと強調し、「ダムを中止すれば県の財政が大変になることが県民に理解されず残念」と選挙中の主張を繰り返し、結局、不信任にいたったのは知事が悪かったのだと言わんばかり。しかも、浅川ダムの契約が正式に解除されたというのに、質問の中では、ダム問題にはいっさいふれなかった。厚顔無恥《こうがんむち》とはこの人のこと。とても、人間としての誠意は感じられない。

続いて質問に立った公明党議員。新たに県民クラブからわかれて公明党県議団を作ったことも、公明党という言葉も、ただの一度も言わず、なんと選挙や不信任についても一言もふれなかった。これにも、ただただ驚くばかり。自分たちが、不信任に賛成したことも、対立候補を応援したことも、まるで無かったことのように……。

「ダムを造るべきだ」と質問する人はほとんどいなくなり、むしろ、ダムの問題に触れない質問が圧倒的だ。知事選効果、知事選を圧勝に持ち込んだ、県民の世論の力だろうか。様変わりした議会のようすは、いったいいつまで続くのだろうか。

しかし、見かけは変わっても、民意に答えよう、原点に戻ろうという、心からの反省・総括は、あまり聞こえてこない。質問が進むにつれて、選挙などまるでなかったかのように、みずからの反省の言葉もないまま、知事に「県政担当の決意」などをくり返し迫っている議員も出てくる始末。残念ながら、不信任の本当の意味での決着はまだついていない。

## 高村京子さん初質問〈10月4日〉

今日は高村京子さんの初質問。

上田市では、史上初めての日本共産党の県議となった高村さんに期待して、「県庁は初めて」という人も含めて、五〇人以上の傍聴者が上田市から来てくださった。予約してなかった人が何人も朝の集合場所に来るといううれしいハプニングもあったとのこと。また、本来は、今日はもう一人、堀内あきら県議が質問する日になっていたが、堀内さんは義理のお兄さんが亡くなって、昨日お葬式だったので、急きょ小林伸陽県議と交替してもらったため、小林県議の地元上伊那郡からも大勢の傍聴者が来てくださった。

二六年間、看護師としてがんばってきた高村さんは、医療の現場からの思いを込めて、医療制度の改悪が、いかに深刻な患者いじめ、お年寄りいじめとなっているかにリアルにふれながら、治療の一環である入院給食費の患者負担は考え直してほしいこと、介護者の負担が軽減できる環境整備がもう少し進むまで、介護慰労金の廃止は見送ってほしいことなどを主張した。彼女を支援してくれた、今までにない多くの人たちの思いがそこに込められていたと思う。

さわやかな、堂々たる高村さんの初質問。そして、予想外の展開で、廃止が確実と思われていたC型肝炎への県費補助を、知事は「当面廃止することは考えていない」と前向き答弁。やった！私は思わず、斜め前に座っている高村さんに後ろから声をかけ、「高村さん、よかったね」と、親指と人差し指で「成功」のしるしの輪を作って、二人でエールを交換した。C型肝炎の県費補助を実施している県はほとんどなく、わずかに実施していた東京都なども打ち切られたというので、長野県は県費補助をしている数少ない県になる。

高村さんが質問に立つときに、同じ上田市選出で、今回、不信任の採決時に退場して県政会から除名され、田中知事を支援し、「無所属の会」を作った島田基正県議が拍手してくれたので、島田県議の質問のときに私たちも拍手して「お礼」。

小林県議は、いつも私たちにはない新しい発想や着眼点を見せる人だけれど、今日は、ダムのことばかりに関心を奪われている人たちに、そんなことで明け暮れているよりも、身近な河川の治水対策を真剣に考えることのほうが大切と訴える意味で、千曲川工事事務所から聞いた河川改修計画を明らかにした。

なんと、それによると、千曲川は、長野市で一番流下能力が少ない岩野橋付近での基本高水（五四ページ参照）は毎秒七〇〇〇立方メートル、ところが河川改修の目標である計画高水は毎秒五五〇〇立方メートル。現在までに改修がすんでいる分は、わずか毎秒二七〇〇立方メートルとのこと。

つまり、肝心の千曲川自身が、基本高水をクリアできるだけの改修計画を持っておらず、当面、実現可能な、基本高水より低い計画高水を改修計画の目標にしているばかりか、その目標に対しても、まだ、半分ほどの改修しか進んでいないことになる。支流の浅川ダムで、基本高水を全部飲みこめるためのダムを造らなければ大問題だと、大騒ぎしているのに、本流の千曲川のこのような現状については、ほとんど問題にされないのはなぜだろう。

千曲川は、浅川ばかりではなく、たくさんの支流が合流しているが、多くの支流は、浅川と同じように、逆流を防ぐために合流点で水門をつくり、洪水時には、水門を閉めて、千曲川へポンプで水を揚げている。その肝心の千曲川が、基本高水を目いっぱい飲みこむ河川改修計画など最初から持っていないのだから、支流の浅川で、ダムを造る、造らないと、なぜ大騒ぎしなければならないのだろう。千曲川の根本的な改修計画の前進こそ重要だ。

## 結局、反省のない県議たち 〈10月7日〉

今日で一般質問は最終日。

朝から、隣の政信会の控え室前はマスコミの人だかり。「田中知事が再選されたら、県会議員を辞める」と言っていた浜康幸県議が、今日、事実上の最後の一般質問をするからというのがその理由のようだ。彼は、非公式に、一〇月三一日付で辞職すると言われている。なぜ、一〇月三一日かと言えば、県会議員改選前六カ月以内になり、補欠選挙をしなくていいから、ということのようだが、そんなことは、県民にとっては、まったく余計なお世話という気がする（そこまで、浜県議に決めていただかなくても……ということ）。

浜県議は、控え室からの出入りや本会議場への出入りのたびに、たくさんのカメラに追いかけられて、ちょっとしたスター並み。しかし、見かけはスター並みでも、彼の最後の質問は、県民を侮辱した、まったく許せないものであり、最後まで何の反省もない態度に終始していて、まったく残念だった。

「ダムをやめて、もし災害による被害が生じたら、知事は責任を負えるのか」などの、選挙中の主張を繰り返したあとに、浜県議は「知事、私は、今でも、あなたを信用していません」と切り出し、「あなたのマインドコントロールで八二万票を投じた県民も同じだ」と主張した。これほど県民を侮辱した話はない。県民は決してマインドコントロールなどで八二万票を投じたのではなく、みずからの意志で田中県政の継続を選択したのである。その県民の良識に対して、なんという評価だろう。

私は、浜県議が選挙後、まだあまりたたないとき、「わずか三年半県会議員をやってきただけで、県民の意識から大きくかけはなれてしまった」と、マスコミにコメントした記事を見て、ああ、彼も県民の思いや民意というものをわかってくれたんだなあと思っていたのだけれど、結局は何もわかっていなかったのだ。質問の最後に、彼は「風と土」という表現を持ち出し、田中知事は外からの「風」で、長野県の伝統や県民の思いを吹き飛ばしただけ、自分たちは「土」で、長野県民の思いがわかっており、県政を担当する資格があるのは自分たちだけだ、という意味の表現をまくし立てて質問を終わった。まったく失礼きわまりない。

結局、浜県議の質問には、公約実行中の知事を任期なかばで、自分たちの感情のおもむくままに乱暴にも不信任にしたこと、そのことで県民や県政にかけた迷惑への反省は一言もなく、みずからを正当化する「自分勝手な人の代表」としか、私には思えなかった。「田中知事が再選されたら、また不信任にする」と、テレビで公然と発言したことにはいっさいふれなかったH県議や、今までの議会に比べれば今回はおとなしくしている「ヤジ将軍」のK県議も、今日の質問者だったが、全員、まったく何の反省もなく、救いがたい人たちだ。

もっとも、来春の県議選まではともかくおとなしくしていようと、口先ばかりかもしれない反省を述べることがいいのか、正直にうわべだけの反省などしないほうがいいのかは考えものだけれど……。

一般質問終了後の議員提案の意見書採択。私たちは今回、初めての議案提案権を使って五つの意見書を出した。その結果は――

①医療保険の改悪に反対する意見書は、社会県民連合の賛成のみで、賛成少数につき不採択。

②介護保険の充実を求める意見書は、公明党から同趣旨のものが出て、内容を一本化し、全会一致で採択。

③BSE対策の強化を求める意見書は全会一致で採択。

④住民基本台帳ネットへの接続中止を求める意見書は、社会県民連合、県民クラブの一部の賛成のみで、賛成少数で不採択。

⑤イラクへのアメリカの武力攻撃に反対する意見書は、社会県民連合から同趣旨のものが出て、社会県民連合のものに一本化し、共産党、社会県民連合、県民クラブ、無所属の会が賛成したが、賛成多数とはならず、不採択。

結局五つの意見書を提案し、二つが採択されたことになる。私たちの初めての意見書提案が、出すだけに終わらず、一部でも採択されたことはうれしいことだ。「住基ネット」反対や、イラクへの武力攻撃反対の意見書は、不採択にはなったが、賛成する会派や議員が増えたことがうれしい。せっかく獲得した議案提案権、さらに生かせるようにしていきたい。

また、本日の本会議で、決算特別委員会が正式に発足し、私は副委員長に選出された。選挙後の会派再編、日本共産党県議団の六名への前進あればこその結果だ。

## 「住民の生命と安全を守るため」〈10月9日〉

「地域住民の生命と安全を守るために、ダム建設は絶対に必要だ」とダム推進派・知事不信任派の県議たちは、今まで繰り返し強調してきた。

その県議たちが今も、土木委員会で、「浅川の流量調査は必要ない。この予算は認められない」「浅川だけ、贅沢だ。税金の無駄遣いだ」などと、驚くべき発言を繰り返している。六月県議会で、県民クラブの若手議員が、同じ趣旨の、およそ、住民の立場にたてば、信じられない感覚の質問をしたこともあり、私は今回の代表質問で、流量調査が今、なぜ必要かについて述べた。

浅川ダムの問題や、浅川の実情について、多少なりとも、まともに勉強すれば、そもそも、治水対策上、ダムが必要なのかどうか、どれだけの雨が降ったら、どれだけの量の水が浅川に流れ出すのか、ということを判断する材料として、最低限必要なデータとされている、雨量・水位・流量の観測が、なんと浅川ではきちんとされてこなかったという事実を知る。

さらに、浅川のダムサイト予定地の一キロ以上上流にある水位観測所は、浅川の治水を検討するためのデータを観測する場所としては、あまりにも不適当ということは、良心的な専門家はもちろんのこと、治水・利水ダム等検討委員会や浅川部会の中で、ダム建設に賛成の立場の専門家でさえ指摘したことである。そのため、「浅川では、ご指摘のように、必要な流量観測が今までされてきませんでした」と、検討委員会の中で県の職員が答弁している。

私は「ダムを造る、造らないにかかわらず、浅川流域で一生浅川とおつきあいして生きていかなければならない住民にとって、科学的根拠に基づいた治水対策を考えていく上で、流量観測は『いろは』の『い』の問題、最も基本的なことであり、それを否定する質問やあいまいな答弁には心からの怒りを感じる。浅川の治水対策を真剣に検討していくためには必要不可欠で、あたりまえの基本的な調査だということをお答えいただきたい」と主張した。同じ長野市選出の県民クラブのK県議や社会県民連合のT県議は、流量調査の必要性を主張する質問をしてくれ、うれしかった。

しかし、諏訪市選出のK県議などは、「流量調査の必要なし」の急先鋒で、「知事が基本高水を従来のダム計画どおりの四五〇トンから下げないで、河川改修と流域対策をすると言っているんだから、これ以上の調査は必要ない」の一点張り。彼女は私の隣に座っていて、私の質問の最中、横から、「石坂さんにそんなこと言う資格ないじゃない」「矛盾してるじゃない」「おかしいよ」などとヤジを飛ばし続けていた。彼女の言い分は、私が、検討委員会や、浅川部会などで、従来のダム計画の基本高水が過大であると主張してきたのに、知事が、その過大とされる基本高水を採用して河川改修を進めるのだから、結局、私たちが要求している以上の対策が実施されるのであり、これ以上、調査を要求するのは不当だ、というのである。

そう言いながら一方で、彼女は「基本高水を下げるための調査は認められない」「流量調査の結果、基本高水を下げるのか」と、くり返し質問した。調査をして真実が判明し、ダム計画の根拠とされてきた基本高水の数字が修正されることが許せないのだ。正確な流量調査の結果、浅川の降雨時の実態が明らかになり、それに対応する治水対策が実施されることで、流域住民の生命と安全が守られれば、基本高水の数字をその時点で修正するか、しないかなどということは主要な問題ではない。

思いがけずも流量調査の是非をめぐって紛糾した土木委員会は、今日で終了予定のはずだったのに、採決を明日の午後に延ばすことになった。流量調査の予算を否決するかどうかの検討のためであることは明らか。議会の本質は少しも変わっていない。

ダムに代わる治水対策について、前向きな質問としては、社会県民連合のT県議が、洪水時の住民へのすみやかな情報伝達やハザードマップの具体化などの問題を取り上げてくれたのが救いで、県政会団長から無所属議員となったS県議などは、「森林、溜池、グラウンド貯留……こんな流域対策は実際の効果はなく実現不可能。知事も本気でやる気はなく、県民をごまかしている。絵に描いた餅」などと主張し、土木部長は「実現不可能とは毛頭考えていない。困難はあるが、長野市の協力も得て実現していきたい」と答弁しているのに、その土木部長と同じ治水利水対策本部「流域班」のメンバーであるはずの砂防課長の答弁では、「森林整備もこれ以上の治水効果は望めない。遊水地も無理。流域対策の効果はあまり期待できない」などと、流域対策を公然と否定する始末。まだまだ、前途は多難である。

## よかった! 土木予算は可決 〈10月10日〉

朝から、私たちの委員会はまたトラブル。午前中は住宅委員会だが、開会時間になっても、S県議、K県議（前出の諏訪市選出）、創新会、自民クラブの県議たちが、無連絡で一〇分以上来ないため、委員会が開会できない。きっと、例の流量調査の予算に反対する件で相談しているのだろうと察しはつくが、失礼な話だ。

たまりかねた委員長が、副委員長に彼らを呼びに行ってもらうことにした。そのせいか、偶然か、K県議を除いた三人は委員会室に来たのだが、彼らは「連絡しなくて悪かった」とも、「遅れてすみません」とも言わない。私が「説明してください」と言うと、「する、する」と言ったが、何も言わないまま、住宅委員会は始まり、通常の審議が始まった。K県議が来たのは、かなり時間がたってからだ。

住宅委員会が終わっても、彼らからは何も話がないので、「無連絡で委員会の開会を遅らせたことについて説明がないんですけど」と言うと、「先に始めていればよかったんだ」「大事な相談があったから仕方ないんだ」「石坂さんだって、無連絡で一〇分も三〇分も遅れてきたり、委員会を出たり入ったりしたことがあるじゃないか」と、まったく根拠のないことを言って、自分たちの行動には何のお詫びの言葉もない。私は、議長から「団長として来てほしい」と呼び出しがあったとき以外、一〇分も三〇分も遅れたり、委員会を出たり入ったりしたことはない。

お昼休みに、浅川ダム反対の住民運動をしてきた人たちが、各会派と土木委員に、流量調査の予算を認めるよう、申し入れに来てくれた。昨日のニュースを見て、いてもたってもいられないと、急な申し入れにもかかわらず一〇人近い人たちが駆けつけてくれたのには感激。回ってくれた人たちの話によると、「調査は必要ない」と一番抵抗したのはK県議。彼女は、今までの水位観測所を見てないことをあっさり認め、「私は見てないけれど、土木委員の皆さんは見ているはず」などと言ったという。多分、誰も見てないだろう。見ていれば、こんなお粗末な議論にはならないはず。創新会の県議は「委員長報告に意見を盛り込めば、予算に賛成してもいい」と述べたという。

さて、いよいよ土木予算の採決。するとK県議が、ベテランの自民クラブ、飯田市選出のF県議に「ねえ、今言えばいいの?」と同意を求めた上で、「委員長報告に『流量調査は必要ない』という意見が委員会で出たことを盛り込むべきだ」と発言した。ところが採決の結果、なんと彼女は予算賛成に回り、S県議、委員長報告に意見が盛り込まれれば予算には賛成するはずの創新会の県議、自民クラブの県議の三人が反対し、五対三で、予算は可決された。ともかくよかった。世論の力だ。

彼らは完全に打ち合わせしてことを運んでいる。会派は分かれてもみんな同じ仲間。「別れても好きな人」だとは、わが県議団事務局の和田明子さんの弁。ちなみに、申し入れに回った人たちの報告によれば、公明党の二人の県議は、なんと分かれたはずの県民クラブの控え室に何の違和感もなく一緒にいたそうだ。こちらも「別れても好きな人」。

## 誠実に仕事をする人たち〈10月11日〉

午後、生活環境部の皆さんと、ごみ処理のあり方などについての意見交換を行った。ざっくばらんに意見交換をしようということだったが、公的関与の産業廃棄物処分場を県がかかわって造るということで進んでいる計画に対して、企業責任の問題やごみ処理のあり方について、お互いの考え方を述べ合った。

現在の生活環境部長は、かつて廃棄物対策課長をしていた。彼は当時まだ二名だった日本共産党県議団の控え室にしばしば来て、産業廃棄物処分場の問題について話し合った。今ほど「説明責任」ということが言われなかった時代に、彼は休日も返上して、処分場予定地に住民への説明会に奔走した。私の記憶の限りでは、長野県で、公共事業の実施に伴う住民への説明を、地権者以外の住民へも積極的に行った最初の事例だったと思う。私はその意味で、彼の県民に対する誠実な仕事振りには心から敬意を表したい。

夜、来春（二〇〇三年四月）の県議選に立候補を予定している塩尻市の備前光正さんの事務所開き。塩尻市の目抜き通りに開設した事務所は、先日の県知事選にも使ったという縁起のよい場所。

といっても、二〇人も入ればあふれてしまう狭さである。

今日の事務所開きは、屋外で街頭演説の形式で行うというユニークなもの。日が暮れて、少し肌寒くなってきた夕暮れ、駆けつけてくださった約七〇〜八〇名の皆さんに囲まれながら宣伝カーからのごあいさつ。現職の塩尻市会議員である備前さんは、最近問題になった塩尻市の小学校のシックハウス問題でも、いち早く情報をキャッチし、教育委員会としての責任を持った保護者への説明や子どもたちの健康を守るためのてだてを要求してきた人である。彼らの問題提起がなかったら、重要な問題があいまいにされてしまったかもしれないわけだから、「住民の利益第一に」という議員としての本来の役割を発揮してがんばっている人である。

私は今日の備前さんのあいさつを聞いて、彼が足が悪いため、子どもの頃、運動会にも参加できず、遠足にも行かれなかったことや、彼のお父さんも障害者でご苦労されたことなどを初めて知った。障害やさまざまな困難を乗りこえてきた人の温かさが、彼の議員活動を支えているのだろう。来春の県議選では、ぜひ当選してほしい。

## 九月定例県議会終わる〈10月15日〉

今日で、九月定例県議会が終わった。

景気対策と浅川・砥川《とがわ》の流量調査費用などを盛り込んだ補正予算は、土木委員会で予算に反対した人たちを含め(!?)、全会一致で可決された。

高村京子さんの質問に対し、知事は、C型肝炎などへの県費助成を当面打ち切る考えはないことを明らかにしたが、このことも引き金となって、肝臓病の患者会から出されていた公的支援を強めてほしいという請願は全会一致で採択され、それにもとづいて国の対策強化を求める「ウイルス肝炎対策の充実・強化を求める意見書」が全会一致で採択された。請願提出に各会派を回ったTさんは、今日は「県議会ははじめて」という近所の主婦の方と一緒に傍聴に来ていたが、思わぬうれしい結果に「全国的には、県レベルの公費助成はほとんど打ち切られたのに、うれしい、うれしい」を連発していた。本当によかった。

知事選挙の結果も受けて、さすがにダム問題については、「県民の生命と財産を守るために」何が何でもダムを建設するべきだと主張する人はいなくなったが、県民が見直しを求めている「松本糸魚川高規格道路」(二二一ページ〈注4〉参照)をはじめ、従来型の大型公共事業推進の陳情には、土木委員会で「松本糸魚川高規格道路」の推進を求める陳情に反対した「フォーラム改新」を含めて(!?)、私たち以外は全会派が賛成した。結局、県財政の危機を問題にしながら、財政危機の根本的な原因を作った大型公共事業推進の姿勢には、何の反省もないのだから、彼らの無責任さは深刻だ。これだけの財政危機を知りながら、しかも県民の中からその必要性にも大きな疑問が出されている大型公共事業をもっと進めようとは、いったいどういう神経なんだろう。

この点については、今日の本会議で確認された「行財政改革調査特別委員会」の報告に対する討論で、藤沢のり子県議が指摘したが、日本共産党以外の会派の皆さんには、田中県政以前からの県の借金を予算規模の一・六倍にも膨れ上がらせた、大型、開発型公共事業偏重の財政運営に賛成してきた県議会としての反省が見られない。そのため、特別委員会の委員長報告には、「平成一三年度の公共事業費二五三億円の減額、浅川ダムの本体工事一時中止にかかわる問題で国庫支出金を減額させたのは、財源確保に対する観点が欠如していると疑わざるを得ない」などと知事の財政運営を批判する見解が盛り込まれている。

田中知事が、不要、不急の公共事業を見直し始めたからこそ、今回の二〇〇二年九月補正予算の時点での県の借金である普通債残高が、田中知事就任直前の二〇〇〇年九月補正予算の時点から四〇〇億円も減ったのである。無駄な公共事業の見直しで、県の借金を減らし、財政再建をはかることなしに、県民のさまざまな要望を実現していく財源は生み出せないことを思えば、このことは注目すべき成果であり、この方向にこそ未来があることを、私は確信している。

節度を超えたヤジや怒号、知事の理念を頭から否定する攻撃的な論調があたりまえだった六月議会までの議会の様相とは姿を変えた議会となったことは、歓迎できる。今回の議会では、田中知事就任以来「恒例」のようになっていた審議中断も一度もなかった。この様相の変化が、知事選の結果の民意を真摯にとらえてのものであるならば、県議会がようやく本来の論戦の場となり始めたことを評価したい。願わくば、この変化が、間近に迫った県議選を意識してのものだけではないことを期待したい。

（注）「十五日の知事選告示前日に花岡信昭氏が、長谷川敬子氏と政策協定を結んだ上で立候補を断念したことについて、松沢秀紀・前県労連議長ら八人が十六日、当選後のポストを約束して立候補を断念させており公選法違反（公職の候補者に対する利害誘導）だとして、両氏と、一連の経緯に携わったとされる鷲沢正一長野市長を長野地検に告発した。／同地検は告発内容などを調べており、同日は受理していない。／告発状などによると、鷲沢市長は十三日、花岡氏に立候補断念を要請、同氏の公約の「長野県臨調」設置を長谷川氏の公約に取り入れるなどと申し出た。三者は十四日、政策協定で合意、花岡氏は立候補を断念し、長谷川氏は臨調の「仕切り役あるいはアドバイザーにする」と約束した。／花岡氏は「雑談の中で出た程度の話。公選法に触れるほどのものではなく極めて心外だ」、長谷川氏選対の早田覚弥本部長は「長野県臨調の位置付けも不明確な上、花岡氏に立場や役職を具体的に提示したわけではない。アドバイザーなどの表現が利益誘導に当たるとは思わない」としている。鷲沢市長は「私から立候補断念を働きかけた事実は無い」としている。（『信濃毎日新聞』二〇〇二年八月一七日付）

長野地検は同年九月二日、告発状を受理した。

## 長野県は変わったか――あとがきにかえて

二〇〇〇年一〇月の長野県知事選挙と二〇〇二年九月の県知事選挙――二度にわたる県知事選挙を通じて、長野県民は明確に県政の改革を支持し、選択した。

田中県政になってから、知事直通のファックス、Eメール、電話や手紙で、県民は直接知事に意見を言うことができ、抽選で毎月二日、一人(一グループ)一五分ずつ知事と直接懇談する「ようこそ知事室へ」や各地で開く知事を囲んでの車座集会、県内一〇カ所にある地方事務所に知事が出向いて市町村長や地元選出県議、県民と語り合い、現地調査もする「どこでも知事室」、頻繁に行われる知事の現地調査やその現場での県民との意見交換などは、確実に県政を県民にとって身近なものにした。

あわせて、知事の交替とともに見直しをすることとなった浅川ダム、下諏訪ダムをはじめとする九流域でのダム建設の是非や治水・利水のあり方を検討する流域部会や、豊科町に建設予定だった産業廃棄物の処分場、南箕輪村に建設予定だった子ども未来センターなどの検討委員会には、公募で委員となった賛否両論の県民が、専門家などとともに議論のテーブルに参加することとなり、県民は開かれた県政の舞台の上で、今まで、とかく「行政のことは知事や市町村長、議員におまかせ」だった県民から、「行政にみずから参加し、発言し、行動する」県民へと質的に変化することとなる。

変わり始めた県政の背景には、田中県政を誕生させ、県政に熱い思いを寄せつづけている、県民の意識の高まりと確かな変化がある。その意味で長野県民は、もはや、田中県政誕生以前の県民ではない。「私、政治に目覚めちゃったんですよ」「夕方のテレビの県内ニュースが待ちどおしくて、楽しみで……下手なドラマより、本当に面白い」――そんな会話があちこちで聞かれるこの頃である。

長野県では、大型公共事業優先の県政が長年続けられた結果、県の年間予算約一兆円に対して、借金は一兆六〇〇〇億円にまで膨らみ、全国ワースト2位の深刻な事態が、さまざまな県民の願いを圧迫してきた。しかも、年間三〇〇〇億円から最高時には四〇〇〇億円という、全国トップクラスの莫大な公共事業予算を使い続けてきたにもかかわらず、生活道路の整備率は、今なお全国三八位と遅れている。県外大手ゼネコンへの発注七割、長野県内の建設業者への発注三割という大手優先、大型事業優先のゆがんだ県政の結果だ。

私たち日本共産党県議団は、長年、「借金のおおもととなっている、大型公共事業を減らし、公共事業の中身を、大型事業優先から、福祉・教育・くらし密着型の身近な公共事業に切り替えて、地元の建設業者に優先的に発注するべきだ。そうすれば、借金を減らしながら、仕事を増やし、景気をよくして、切実な県民の願いに答えることができる」と主張してきた。

田中知事提案の二〇〇一年度予算では、長年無視されてきた私たちの主張が届き、公共事業費が二五〇億円削減され、公共投資の重点が福祉・教育・生活環境に切り替えられるということが始まった。限られた財源の中から、莫大な借金を返しながら県民要望を実現していくには、この道しかない。この年の公共事業の削減で、増え続けるばかりだった県の借金（県債）が、三一年ぶりに一八〇億円減ったことも、評価できる。日本共産党県議団は、新しい県政の変化の流れを歓迎して、県の新年度一般会計予算に史上初めて賛成した。

こうして、ようやく始まった県政の改革をこころよく思わない旧与党勢力の県議会多数派は、一昨年六月議会には「田中知事の発言と行動に反省を求める決議」を、昨年三月の予算議会には「田中知事問責決議」を、日本共産党以外の全会派が一致して決議し、不信任のチャンスをねらってきた。その彼らにとって、決定的になったのが、約一年間、浅川ダム、下諏訪ダムについて検討してきた「長野県治水・利水ダム等検討委員会」が、昨二〇〇二年六月七日に、二つのダムについて「ダムなし答申」を出したことだった。

もともと、この委員会は、知事が設置しようとしていた純粋な専門家による委員会を設置させずに、既定の方針や政治的思惑で動きがちな県会議員や市町村長などをメンバーに入れて、ダムの火種を残す委員会として議員提案で設置されており、力関係は半々である。その委員会が「ダムなし答申」を出したのだ。本体工事が一時中止になっている浅川ダムが業者との契約解除にすすめば、「脱ダム宣言」の方向は加速する。そうさせてはならない、というのが、強引な不信任の引き金となった。

七月五日の知事不信任決議採決の結果は、反対は日本共産党の五名のみ、賛成四四名、退席者三名、社会県民連合（社民党）は欠席で、不信任は可決された。しかし、議員席からは拍手ひとつ起こらず、傍聴席からは「知事がんばれ」「負けるなよ」と熱いエール。知事の目に涙。傍聴者とともに開いた「不信任抗議集会」で、「私たちの議席がもっとあったら……」と、数の横暴に負けた悔しさに、私は涙で声が詰まった。

その直後から、私たちの控え室の電話は鳴り止まなかった。「ありがとう。共産党だけが、私たちの声を代弁してくれた」……なかには電話口で泣いている人もいた。少し前からアクセス数が増え始めていた私自身のホームページは、一日のアクセスが四〇〇〇、五〇〇〇と増え始め、最高時は一日九〇〇〇を超えた。「日本共産党は嫌いだけれど……」「共産党について関心がなかったけれど……」という、かつてない多くの心ある人たちとの新しい心通い合う出会いとつながりができ、それらの圧倒的多数の無党派層の人たちと私たちは、長野県の民主主義を守る闘いをすすめることになった。

私たちは、「あの不信任はおかしい」「あの県議会を変えましょう」をスローガンに、県知事選と上田市、下伊那郡の二つの県議補選に全力を尽くした。政策協定は結ばずに支援する新しい形の選挙で、ボランティア登録した個人の自主性を尊重しながら、日本共産党の五名の県議団は全県二〇〇回をこえる県政報告会を双方向型で開催し、県政の実態についての正しい認識を深めてもらうことに力を尽くした。

不信任推進派の県議たちは、不信任の採決には欠席した社会県民連合もいっしょになって、女性弁護士を対立候補に担ぎ出し、市町村長会、連合の支援も得て磐石《ばんじゃく》の態勢だったはずだが、結局、県民にその正体を見破られ、最終盤は、「田中氏が再選されれば、共産党県政になってしまう」「共産党県政を阻止するために」（県議会若手議員の会――日本共産党を排除した当選一期、二期の県議の会の知事選終盤のアピール）と、なりふりかまわぬデマと反共攻撃を展開した。

しかし、県民の良識はそれを乗り越えて、田中康夫氏を八二万票で圧勝させるとともに、県議補選では上田市で日本共産党の高村京子さんを初当選させ、日本共産党県議団は県政史上初の六名になって交渉会派入りすることになった。高村さんは、羽田孜民主党特別顧問の地元で、羽田氏の後援会「千曲会」の候補者と一騎打ちで一万票の差をつけての勝利という快挙である。長野の熱い夏は歴史的な勝利に終わった。

## ※「脱ダム」への道のり

長年にわたる住民運動と田中知事の誕生、知事不信任を受けての知事選挙の勝利を経て、浅川ダムは正式に中止となった。浅川ダム建設事務所は浅川改良事務所に変わり、浅川の治水対策は河川改修と流域対策（森林整備や遊水地などの設置、都市型水害や内水災害への対策など）で対応していくこととなる。

とはいっても、ことはまだまだそう簡単ではない。長野市では、二〇〇一年一〇月、浅川沿線の各地区の区長中心に「浅川総合治水対策連絡協議会」が結成された。この協議会は事業計画の中に「河川改修とダム建設による総合治水対策の早期実現に向け、関係機関に要望活動を行う」とかかげており、実はダム建設をめざすものである。そのため、結成にあたって、この種の協議会や期成同盟会（五五ページ参照）などは、本来地元選出の超党派の議員全員を顧問にするのが常にもかかわらず、「ダム建設に反対しているから」という理由で、日本共産党の県議、市議だけを顧問からはずした。

世論調査の結果でも、沿線住民の約六割がダム建設に反対しているのに、区長がダム促進の組織をつくり、その組織の運営資金は各地区からの負担金、つまり住民が納めた区費である。ということは、ダムに反対している住民が納めた区費を使ってダム促進の活動をすることになる。事務局は事実上、市役所の出先機関である支所である。こんな矛盾したことが長野市の行政がらみで公然とまかりとおっており、鷲沢正一長野市長は今なお、「浅川の治水はダム以外に考えられない」と主張している。

国土交通省は、ダム建設が一時中止になっている浅川に対し、ダムに替わる治水対策である「河川整備計画」が正式にでき上がっていないことを理由に、浅川の支流の河川改修や未改修部分の河川改修の予算を凍結してきた。二〇年以上前から進めてきたダム計画に変わる「河川整備計画」を作るのだから、一定の時間がかかることを承知の上で、それができ上がるまでは河川改修に指一本ふれさせないとでも言わんばかりの機械的な対応である。そのために河川改修が中断している五反田橋、砂田橋付近は、土砂はたまり、葦は茂り、ただでさえ小さな浅川の川幅を狭くして、住民の不安をあおる。ダムができてもできなくても、河川管理者の県としては当然やらなければならない土砂の除去や草刈りまで、ダムができないから解決しないかのように思われている。

さらに残念なことに、土木部の一部職員やダム推進派の県議たちは、「流域対策の治水効果はほとんど見込めない」「知事は流域対策など本気でやる気はない」などの主張を繰り返している。住民の安全を守るために、前向きに知恵と力を合わせようというのではなく、「お手並み拝見」と言わんばかりの冷ややかな態度。「治水・利水ダム等検討委員会」で、まだ検討中の七流域の治水・

利水対策の解決をはじめ、「脱ダム」への具体的な道のりはまだまだ険しい。

## ※「つれづれ日記」とともに

一二年前、「弱い立場の人たちに暖かい県政の光を」という思いで県会議員となった時、私は、こんなにも私自身がダム問題に深くかかわることになろうとは夢にも思っていなかった。ダム建設に賛成する人たちは、しばしば、「水害の苦しみは、被害にあった者にしかわからない」と主張し、なかには、「ダムに反対する人たちは、水害の苦しみも知らずに、党利党略で反対している」と決めつける人さえいる。私はそのたびに悲しい気持ちでいっぱいになる。

私たちが、浅川ダムに疑問を持ち、反対し始めた頃、県議会の力関係はダムに反対しているのは私たち二名の日本共産党県議団だけ、残り六〇名がダム推進だった。調査を重ね、納得できない思いや矛盾点を繰り返し質問しても、その声は当時の県政には届かず、「もう、だめかもしれない」と落ち込む自分自身の気持ちを叱咤激励して、私ががんばってくることができたのは、何よりも過去の水害の被害にあった経験から、祈るような気持ちで、必死にダム建設の中止を願っていた人たちの思いだ。被害にあった人たちの思いに心をよせればこそ、危険な地すべり地帯へのダム建設に反対し、ダムを造っても解決しない浅川下流の内水災害や都市型水害の解決のために努力しなければならない。

長野県政史上36年ぶりの女性議員
として初登庁した著者（1991年）

そんな人たちの一人、ループ橋に程近いところに住む山崎錦次さんは、昭和初期の論電ガ谷池の決壊で、身内の方が亡くなり、田畑を流し、地すべり地の危険を身をもって体験した。「頭のうえに爆弾を抱えたようなダムが造られてしまえば、孫たちに申し訳なくて、死んでも死にきれない」と、痛い足を引きずって、治水・利水ダム等検討委員会や浅川部会の傍聴にも来てくださった。

「ダムは本当にやめさせられるんかね。わしも、できることならなんでもする。何をしたらいいか言ってくれ」と、数え切れないほどの学習会や現地調査にも軽トラックで参加していただいた。田中知事不信任、県知事選挙という時期に病に倒れた山崎さんは、病院の中からも選挙のことを心配して二度もお手紙をくださった。選挙に勝ち、浅川ダムは中止になり、山崎さんは思いのほか元気で退院されて、達者なお口は今までどおり。本当によかった。

浅川ダムのことがなかったら、こんなにも親しくなることもなかっただろうたくさんの人たちと、私はめぐりあい、その人たちに助けられながらがんばってきた。浅川ダム中止を願ってひたすらがんばってきた一〇年来の運動の中でのさまざまなドラマを、いつか本にしたいと思いながら、日々の忙しさに追われているだけだった私のところへ、高文研の真鍋さんから、私のホームページで書き綴ってきた「石坂千穂つれづれ日記」を本にしたいという申し出があった。他からも『『つれづれ日記』そのものを、何の注釈もつけずに本にしたら……』という申し出があり、そちらにも心が動いたが、「田中県政誕生以前からの県民の地道な活動が大きな変化をつくる土壌になっている」ことに着目してくださった高文研の出版の趣旨がうれしく、お願いすることにした。

二〇〇一年一二月三〇日に開設した私のホームページは一年間で約四四万五〇〇〇アクセスを超えた。これからも私は、「変わり始めた県政の流れをさらに大きく確かなものに」と願いつつ、「力をあわせてがんばれば、政治は変えることができる」という希望あるメッセージをたくさん込めて、街頭から、そしてホームページの「石坂千穂つれづれ日記」から、長野県政のひとコマひとコマやそれにかかわる私の日々の思いや活動について、発信し続けていこうと思っている。

二〇〇三年一月

石坂 千穂

**石坂　千穂**（いしざか・ちほ）
1948年長野県伊那市に生まれる。県立伊那弥生が丘高校では生徒会長を、進学した長野県短期大学では学生自治会副委員長、長野県学生寮連合副執行委員長をつとめる。卒業後、中学校で英語・音楽の教師となる。75〜82年、新日本婦人の会長野支部事務局長、長野県本部事務局長。91年、長野県議会議員に当選、現在3期目、日本共産党県議団団長。

●石坂千穂ホームページ
http://plaza.rakuten.co.jp/isizakachiho/

# 女性県議さわやか奮戦記
## ——脱ダム・教育・くらし優先を掲げて

●二〇〇三年　三　月　一　日——第一刷発行
●二〇〇三年　三　月一五日——第二刷発行

著者／石坂　千穂

発行所／株式会社 高文研
東京都千代田区猿楽町二－一－八
三恵ビル（〒一〇一＝〇〇六四）
電話　03＝3295＝3415
振替　00160＝6＝18956
http://www.koubunken.co.jp

組版／WEB D（ウェブディー）

印刷・製本／光陽印刷株式会社



ISBN4-87498-296-4　C0031